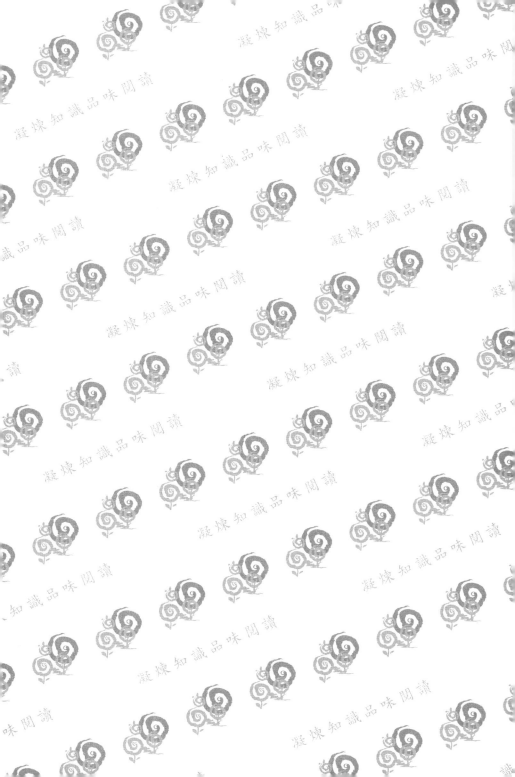

自律與法權

Selbstsein und Recht

Rainer Zaczyk | 著
廖宜寧、林倍伸 | 譯

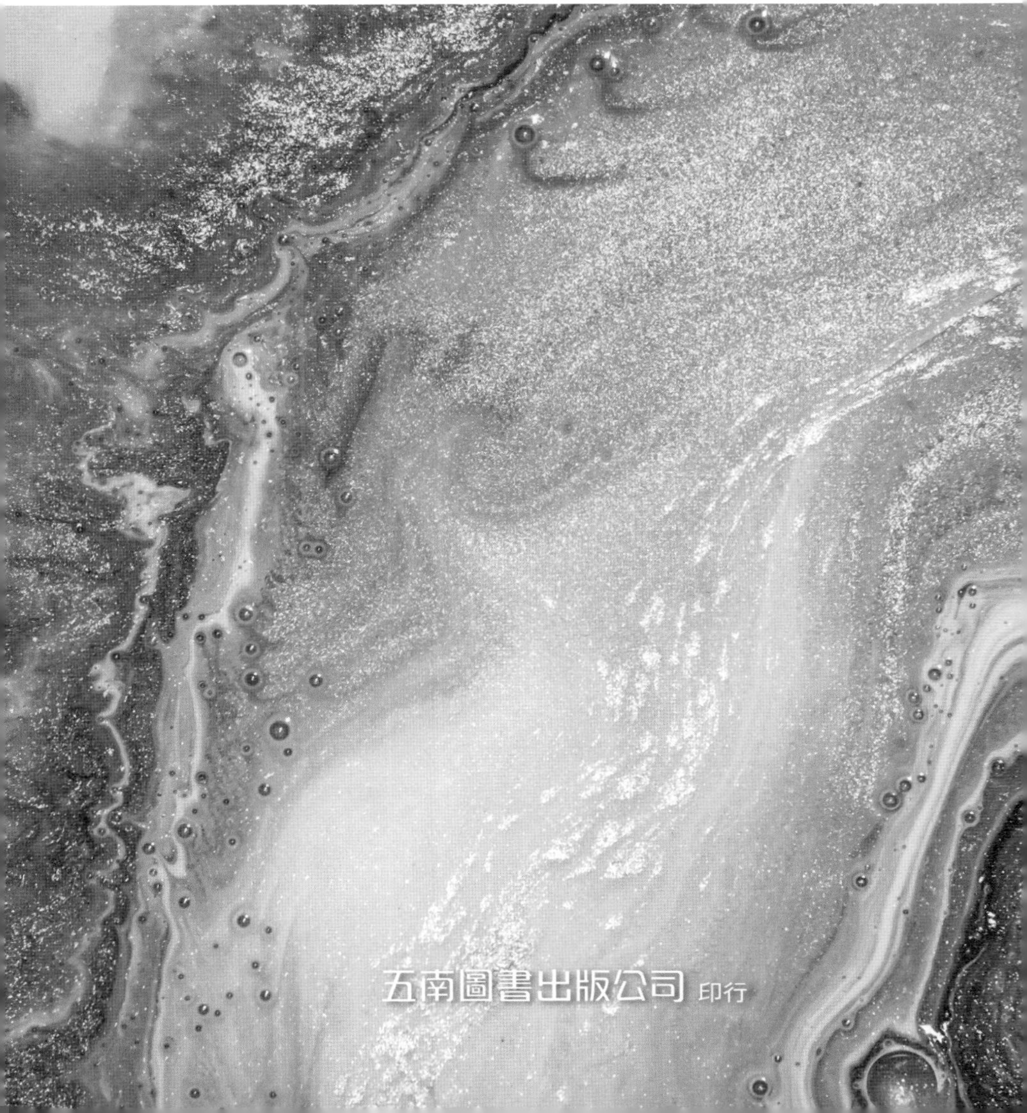

五南圖書出版公司 印行

導　言

很榮幸也很樂見《自律與法權》一書能夠經由五南圖書在中文世界出版。我要特別感謝我在波昂的學生，台灣大學法律學院副教授周漾沂，負責處理翻譯及出版事宜；同時也感謝兩位譯者：福萊堡大學法學院博士生廖宜寧及法蘭克福大學法學院博士生林倍伸。感謝三位不懈的努力，讓本書中文版得以問世。

本書的基本思想如下：每一個人都是一個「自我」（Selbstsein），一個——獨立於一切文化與國界的特殊性——有意識的、將自身理解爲統一體的精神性與物理性存在。這個自我概念是普世性的，並據此爲個人開啓了對於每個他者的理解。本書在關於佛學、儒學以及西方啓蒙的章節中，指出了「自我」的這個普遍性意義。不過，自我及與其相連結的自我意識，不僅僅只是單純的內在主觀經歷，它同時包含了實踐性的自我決定行動，即「自律」（Autonomie）。從這個意義上來說，每個人都過著自我決定的生活，但並不是孤獨的，而是與他人一同生活在一個共同體當中。因此必須說明，獨立性與共同體、統一與差異要如何共存。這個工作乃是由法權以及相互承認的基本概念來實現，並且它將成爲人類意識生活不可分割的一部分。它展現在三個視野當中：人際間的法權關係、被建制的共同體，以及國家之間的關係——在一個人類的世界裡面。

Rainer Zaczyk
2018.9.25 於波昂

目次

導論

1. 人的存有與法概念

以下本書的思考進路，將會（再度）指出下述事實：法概念必須同時與人的存有相互連結。因此，唯有將法權置於合適的地位以後，「人是什麼？」[1]這個康德所提出的哲學基本問題，才能夠被完整地解答。然而，這並非只涉及人權普世性的證立。[2]本書的書名，人的「自我」（Selbstsein），不僅暗示了人的個體性與單稱性，同時也指出了人的反思性；[3]人不只是一個「個人」，他也同時認識到自己是人，並且只藉由這個認識，而將自己理解為一個個人。但這種認識，只有透過一種與他者的相互關係，才成為可能。本書的第一部分，將對此有進一步的闡述。從而，自我的特徵即在於具有意識的生活之整體，因此，法與此具有意識的生活之間，有一種內在的，而非單純外在的關聯性。具有人性尊嚴的生活，必然是置身於法權當中的生活。這個說法將與一種普世的、而非僅侷限於歐陸思想界中的要求同時登場。只有當自我的證立也具有普世性的特徵時，才能夠成功證立這個說法。

倘若果真如上所述，本書所闡述的思考進路，不過只是使得某些早已存在之事實再度被人所知悉，那麼，對於法之起源的認識，已經內建並包含在每一個關於人類存有的深刻反思之中（然而並不總是清楚地被意識到）。這裡所做的只是讓這些內容在思維上連結起來而已。本書在此的工作，可以說都是對在思維上已經獲致的成果的回憶。人們很樂於也很合理地將這些已獲致的思考結論，與哲學史上的特定作者相連結。當本書中提到這些作者之中的第一位—康德—的同時，即意味著，他藉著人之精神的自我啓蒙，開啓了一條進路，而他對於法概念基本理解的重要作品，就是依照此一進路開展出來。然而，如果只是

---

[1] *Kant*, Logik, A 25 = AA 9. 25. 亦已見於其KrV, B 833 = AA 3, 522. 引註方面，康德的作品是以*Wilhelm Weischedel* 所編纂之六冊全集，此全集所標註的原作頁碼，是以之前在Darmstadt與Frankfurt am Main出版的十冊與十二冊全集為依據（A表示第一版；B表示第二版，依此類推。也請參照參考文獻。）為方便查找起見，本書也會標註所謂「學院版康德全集（AA）」的頁碼。康德在一七九七年所出版《道德形上學》中的法權學說，本文以MdS加上頁碼或段碼標註之。

[2] 以複數的形式稱呼「人權」（Menschenrechte），本身就顯示出了一種簡化過的論證，以及具有將人權化約至經驗面向的危險。對此請參照*Köhler*, Das angeborene Recht, S. 63, 82f.; *Hoffmann*, Freiheit als Ursprung des Rechts S. 16ff.; *Zaczyk*, Wie ist es möglich, ein Menschenrecht zu begründen? S. 259ff.

[3] 本書並非海德格法存有論（Rechtsontologie）傾向的追隨者。請參照*Heidegger*, Sein und Zeit, S. 113ff., 以及*Maihofer*, Recht und Sein, S. 83ff.; 對於*Heidegger*的社會本務論，也請參照*E. Düsing*, Intersubjektivität, S. 19f., 以及*Theunissen*, Der Andere, S. 156ff. *Dieter Henrich*曾正確地評論，*Heidegger*處理自我意識哲學的方式，只是將實質問題放在一邊而已（Fichtes ursprüngliche Einsicht, S. 231）。值得思考的是*Reiner Wiehl*所說的這句話：「黑格爾與海德格無疑是當今哲學時代裡兩個重要的對極。」（Komplementarität von Selbstsein und Bewusstsein, S. 44ff., 49）。自然界裡的兩個對極連結了整個地球的單一性。哲學中的兩個對極又連結了什麼呢？

不斷地應和這些作品中所提出的基本原則，也就完全背離了這些基本原則中所展現的自我思考的動力。這也就表示，爲了要讓上述說法具有普世性，並且從中導出對於法的進一步推論，就必須再一次地思索這種進路中的特定要點。

這種思考的必要性也就表示，西方國家應該降低基於對啓蒙運動的自豪而生的（在全世界層面的）傲慢。我們並不能說：一個以從啓蒙思想本質中發展出來的法概念爲基礎的對於法學之認識、乃至於普遍的法理解，只存在於當代的西方國家。如果我們不只是虔誠地信仰如「自由」、「平等」與「民主」等大量被使用的詞彙，而是試圖更仔細地觀照其內涵，那麼這某程度上，也該令人想起赤裸的父權專制政治結構、社會關係的明顯對立[4]，以及在早期殖民主義時期，那些對於其他社會泯滅良心的剝削。[5]在西方國家想要教導其他國家應該如何做之前，理當先證明：它們眞的適於任教。

法權的實現（Rechtswirklichkeit）長久以來大幅落後思想的原因在於，法律幾乎普遍地被理解爲一種規制人類及其行爲之外在管控手段，法條則被侷限地理解爲社會技術的規則；這些被權力與權勢占據的社會技術，支配著人類的生活，並且能夠讓自己被依循。外在權力藉由創造這種規則，甚至能讓人以爲是它藉由普遍的效力與確定性創造了自由；然而，當這種法理解在原則上排除了那些應將法視爲自己的並且應生活於其中的主體，便將

錯失自由的眞義。【6】

這種錯誤理解的法概念之吸引力卻也顯示，上述某些對於應然秩序的專制、集權的想像是多麼深植人心，即使是在基於自由平等的選舉—亦即人民（Volk）—而形成政權的地方，也還是有具有這種想法之人。不過，這種長期對於法概念的錯誤理解—在西方亦然—並無法長久地與人的存有之自我啓蒙，以及在其中所建構並實踐的，對於個人權利與理性的確認相容。

2. 法哲學的任務

當人們企圖要進行關於個人權利的普遍性論述時，已經把一個西方法學思想的基礎批

【4】例如：對於否定人格性（Personalität）的大規模失業與奴隸般的工資（低廉工資），仍然持續重視抽象自由：對此請參照*Köhler*, Das Ursprünliche Rechtauf gesellschaftlichen Vermögenserwerb, S. 317ff.

【5】對於所謂「新自由主義」世界模式的批評，例如*Stürner*, Macht und Werrbewerb, passim，有為數衆多的參考文獻。這種模式無疑是大幅違反了「人道理念」（頁一三一）。

【6】經常被說是「與人民疏離」（Bürgerferne）的歐盟及其制定的規範，就是在這種錯誤的法理解之下的產物。聯邦憲法法院已經在二〇〇九年六月三十日的判決中（BVerfGE 123, 340 ff., 所謂「里斯本判決」）反對這個趨勢。

判包含進去了。本文中將要討論的問題，乃是從法哲學視角出發的。要探問「人是什麼」這個問題，一方面要用法哲學在主題上加以限縮，另一方面也要處理後續提出的問題，特別是在旨趣上，與哲學以及從哲學裡產生的整體方向沒有直接相關的法學問題。

狹義的法學及其基礎科學所必要的立論過程，只能由法哲學導出。再也沒有另外一個與法律相關的基礎科學，能夠從其研究領域獲得與法哲學同樣的成果（這當然絲毫不應意味著它們自身用來理解法律的功能有所減低）：法理論乃是以作爲其對象的規範以及其效力爲前提[7]；法律史傳達何者曾經是法及其如何成爲法，還有何者在今日作爲法而產生效力的重要認識[8]；比較法將縱向的法律史時間軸線轉爲橫向，並在本質上再現當下何者事實上作爲法而產生效力[9]。所有這些學門都能對於法的實質內容加以批判，然而它們若是缺少了法哲學的基礎知識驗證，便無法辦到[10]。

接在法哲學任務之後的是法社會學。法社會學把一個法哲學的核心概念：社會（或者：共同體[11]），置於其研究工作的中心。然而，當它固守在法的這個元素上，不可避免地，便會導致無法獲取其他構成法權的要素（個人、國家、複數國家），或者導致單從法社會學的角度，將個人僅僅當作被社會所建構的個體。盧曼（Niklas Luhmann）的法社會學，正是此種思維最一貫的結果，同時也是它的缺失最清楚的例子[12]。如果把這種對法的認識提升爲未來法權的終極基礎，雖則看似進步，事實上是退回啓蒙前的時代，同時也鞏固了二十世紀最大的錯誤之一：主體的毀滅。

如果法哲學的任務，是提供一個如本書所展現的論證過程，它就無法不倚賴哲學領域

---

[7] 對於法理論，參見例如*Rüther / Fischer / Birk*, Rechtstheorie, R. 53. 對法權「效力基礎」決定的貼切界定（Rn. 332ff.）。對於一九六五年以降，致力於從各方面建構法理論的概觀，可在*Hilgendorf*，Renaissance der Rechtstheorie當中找到。

[8] 參照例如*Kroeschell*的簡要評注，Deutsche Rechtsgeschichte 1, S. 1ff., 6f.——然而，只要歷史學探問到歷史的基礎與目標，便會踏入（歷史）哲學的領域。

[9] 對比較法的一般方法論，參見*Zweigert / Kötz*, Einführung in die Rechtsvergleichung, §§ 1-4.

[10] 對本文論述的簡要歸納，*Hoffmann*, Freiheit als Ursprung des Rechts, S. 16ff. (17 linke Spalte)：將經驗上的法律思考視為法，與它已然被稱為法並不相干：因為哲學接著要問，是出於何種「法權基礎」而把它稱為法的。

[11] 在此不採取*Ferdinand Tönnies*對共同體及社會概念的區分：參照*Ferdinand Tönnies*, Gemeinschaft und Gesellschaft.

[12] *Luhmann*, Rechtssoziologie; *ders.*, Recht der Gesellschaft; 自法學觀點，*Jakobs*, Norm, Person, Gesellschaft.——它指出，哈伯瑪斯（*Jürgen Habermas*）運用在法學上的溝通理論也表現了一種行為的社會學論證（參見Faktizität und Geltung），然而在*Habermas*那裡，卻長期忽略了該理論事實上的原點（*Rousseau*與*Kant*）（對此見*Köhler*, Menschenrecht, S. 133ff.）。所有在這裡提到的，特別經常是關於社會次領域相當貼切的個別觀察，據此並不成為問題。

的研究結果。本書打從一開始便參閱了康德的著作，由他的思想所產生的德國觀念論，以及透過他而成爲可能的思維模式，也對於這裡所要討論的問題具有決定性影響。自我意識與自由，因而成爲法的中心概念。從此一思想產生於十八與十九世紀之交的這個事實，通常會讓人得出一個結論，亦即時至今日，我們已經沒有什麼可多說的了。然則，這樣的意見不免流於膚淺，並且多有誤解。首先，不可否認的是，藉由此一哲學（包括其作爲歐洲啓蒙運動的一環），人類的自我價值被提升至前所未聞的地位；今天，人性尊嚴這個普遍性概念的基礎，就經常見於康德的自律概念之中【13】。倘若不考慮這個對於法律論證的思想成果，等於逸失了它所獲得的人道精神潛能。其二，藉由以思想的論證力量爲聯繫點，不僅是讓一種基礎被動地被採用，它也同時具備了包含（及於文化之）自我批判的評價力量。因爲不可否認的一點是，至少現今所稱的近代西方主體，實在過於確信其自身的重要性，以致於在此同時，它確實急切地再次需要藉由此一地位所憑藉的基礎，來認清其界限所在。其三，此一哲學事實上從來不曾、也絲毫不能被遺忘，因爲它以傑出的方式將人類的思考領往人類自身；它吸引了直至今日的重要闡釋者們【14】。最後的最後，是它涉及到與探求人類本質之根本問題緊密結合的問題，而用以回答這個問題的所有答案，既不能在空間上予以區域化，也不能在時間上予以歷史化，它們不受時間的限制，而是旨在解答眞理本身。

3. 哲學所無可迴避的當代性

爲何即使在擁有了所有思考工具以及如自由、理性等概念的歐洲大陸，一種一貫地連結了人的存有與意識的法理解，仍舊無法普遍貫徹？這個問題的答案相當複雜。[15]從個人的角度而言，法必然已經只作爲一種外在事物的形式呈現在其眼前，因爲，對於個人而

---

[13] 參照例如*Luf*, Menschenwürde als Rechtbegriff, S. 265ff.; *Enders*, Menschenwürde in der Verfassungsordnung, bes. S. 189ff.; 亦參見*Bielefeld*, Philosophie der Menschenwürde, bes. S. 45ff.; *ders*., Auslaufmodell Menschenwürde?, S. 36ff.

[14] 沒有康德，以及—必須要說—沒有費希特就無法了解叔本華，沒有前面兩者跟黑格爾，就無法了解馬克思。費希特和黑格爾以他們的方式對法國哲學產生很大的影響。對此，相當切中要點的是*Boyd*的評注，*Goethe*, Bd. 2, S. 264：「由此（即費希特的自我意識哲學）產生的挑戰，所有的否定和差異，與據此所有的概念形成，以及最終據此被理解為產生我們自身認同設定的所有社會甚至自然關係—作為根據一個主要自我詮釋活動而來的詮釋活動—從來不曾在後結構主義的年代裡真正地被接受。」*Jürgen Habermas*—從一開始到他最近的一篇文章—也都處於這個傳統之中。當代最重要的德國闡釋者是*Dieter Henrich*，本文標題與他的書Denken und Selbstsein亦有所關聯。

[15] 以下的說法亦請參*Zaczyk*, Theorie und Praxis im Recht, S. 33ff.

言，法的應然要求起源於他者的意志，並且，法權與個人意識幾乎是自然而然分開的。長久以來，在歐洲適用著一部無論是語言或統治者的姿態（Gestus）都是外來的羅馬法，更加深了這種印象。此後，這種印象也與一直以來、至十八世紀才終止（在德國甚至更長）的專制主義政治關係有關；當時，個人基本上被排除在法制定之外，毋寧僅需服從即可。如今，人們會說，那個時代已經透過十八、十九世紀的革命與獨立運動而終結，而自由、理性這些口號正是在此時發軔。不過，發現這些概念的意義與形塑力，與在現實生活的關係中實踐這些概念是兩回事。原因首先在於，思考與生活的形式變遷是相當緩慢的。當代庸俗的想法，以及認爲人對於世界的基本立場與流行的展現相當類似，也輕易地遮蔽了思考與生活的變遷。事實上，這些基本立場的轉變，是爲期數百年的（教育）事業。從而，我們也有很好的理由指出，人類自由與獨立的歷史，才在起步的階段而已。此外，人們在朝向獨立的必要階段中，也不要低估，將自己的生命交給外在的權力統治——至少在可以享有幸福（Glückseligkeit）這點上，是多麼愜意的事。因爲，幸福乃是存有的強大驅力——這是一個可以輕易藉由反思而得到的結論。而在政治上，「麵包與馬戲」（panem et circenses）無論在羅馬時代乃至於任何時候，都是個屢試不爽的、用以蠱惑以及安撫人民的手段。

在康德闡述啓蒙的格言：「具有勇氣運用自己的理智」之後，同樣在下一句描寫了實現這句格言的困難：「懶惰與怯懦，是大多數人即使在天性上早已經可以免於他人的指導，卻仍樂於終身維持不成熟狀態的原因；這也是何以另一些人很容易就將自己當作他們的監護者的原因。維持不成熟狀態畢竟是太舒適的。」[16]

在進一步探究康德這些說法在實踐上所產生的成果之前，首先必須先接受與上述有關的另一個面向，並且闡述此面向對於本書後續討論的意義。當我們在此提到康德的名字，或往後提到其他哲學家的名字時，作爲啓蒙的直接成果來說，指的絕不是完全服膺於他們的思想，而毋寧是在論述上與這些哲學家（無法抹滅）的貢獻產生連結。從一貫的思考中獲得自己的觀點，乃是思維上的成熟。哥白尼將太陽置於整個太陽系的中心，康德將人類的理性置於思維的中心，並因此正確地將其哲學稱爲思維上的哥白尼式轉向。但這也同時導致，只有理性能在思維的中心。不過，即使這個思想已經藉其貢獻啓蒙了理性建築學，也仍然不能是一種權威。康德自己也指出了，我們只能學習哲思（das Philosophieren），

---

[16] *Kant*, Was ist Aufklärung?, A 481 = AA 8, 35.

而不是哲學。[17]因此，即使在後續的討論中提到了哲學家們，也不應免除證立的義務，而只是讓長久以來思維上的貢獻服務於這個任務，並且由此證明這些貢獻的有效性。

4. 人類的自我作為思考基礎

根據上面的敘述，應該已經很清楚地顯示，何以在本書的討論中，要先處理自我（Selbstsein）概念[18]。然而，必須更確切指出的是，自我這個概念，對於法權的相關問題，也是一個有利的切入點。對此，在導論當中已經點明，在今日盛行的人權與人性尊嚴概念，只有在深入地證實它們在人類自我概念中的基礎以後，才能要求一種普遍性的效力。撇開上文中已經提過的情況不論，自我概念之所以還不是一種普遍善，在於兩個更進一步的重要原因：

第一個原因在於，法被理解爲理論性的思想客體，似乎可以比照物理學中的外在世界一般，來進行對法的思考。因此，法的存在一開始就被預設，並且從一個觀察者的角度，就可以獲取想要發現的法律條文形成、適用與消滅的結果。這個與本文所持全然相反的意見，正是在荷姆斯（Oliver Wendell Holmes）著名句子中所顯示的美國法唯實論的立場：「所謂的依照法律（by the law），不是其他狂妄自大的東西，而僅僅是對於法院事實上將要怎麼做的預言。」[19]這個立場近來與法律的功能性思考關係密切，這樣的功能性思考幾乎都必然會歸結到一種社會技術，這種社會技術起源於政治上的專制主義，並且在今日形塑「好的治理」之時高度風行。

第二個原因，以一種複雜的方式和第一個原因緊密相連。它在於數百年來對實然與應然加以區分的認識[20]。只要藉由揭露這個所謂自然主義謬誤的區分（從實然推導出應然），指出這兩者在範疇上的差異就完全合理了。然而，如果廣泛地斷言，應然世界基本上就是跟實然世界截然二分，那麼又將開啓一個唯心主義的謬誤，從而輕易地掩蓋實踐哲學—尤其是康德的實踐哲學—的決定性成就。因爲如此一來就會說，人類世界應該要是什

---

[17] *Kant*, Nachricht von der Einrichtung seiner Vorlesung, A 5 = AA 2, 306.

[18] 在這一點上應該指出，本書受到E. A. Wolff多大的影響：參照*Wolff*, Das neuere Verständnis von Generalprävention, S. 786ff; *ders.*, Abgrenzung von Kriminalunrecht, S. 137ff. 與這些文章標題給人的印象相反，它們並不僅僅是處理刑法哲學，而是從根本上完成了一個法權的證立，而後由此著手進入個別問題。

[19] *Holmes*, Path of Law, S. 461.

[20] 在*Hume*已然可見，參Traktat über die menschliche Natur, S. 211f. 但根本性的區分要到*Kant*, GMS, BA 62 = AA 4, 427. 對此目前參見*Ellscheid*, Problem von Sein und Sollen：進一步的文獻在*Schneiders* (Hrsg.), Sein und Sollen; *Dreier*, Sein und Sollen, S. 329.

麼樣子，跟它實際上是什麼樣子，乃是完全不相干的；兩者相互之間表現得就有如幻想與現實。除此之外，這還會導致個人的失能，個人再也不被要求負責，而是交由應然去規制他的生命。矛盾的是，恰恰是新康德主義，將這個簡單的錯誤理解在法學上予以決定性地發展，尤其簡要地呈現在凱爾森（Hans Kelsen）的《純粹法學》一書中。該書首先將法作爲認識的客體予以描述[21]，隨後這個對象卻完全脫離人類的實存，而被當作一個純粹的「應然」看待。這個——最初是不知不覺的——自我決定實踐的消除，最後表現在凱爾森的歸責理論中：「並非因爲人類是自由的，所以才被歸責，而是因爲被歸責，所以他是自由的。」[22]

然而，這樣的見解不僅切斷了透過啓蒙而來、通往人類自我決定運動的那條線，毋寧同時也助長了一種實證主義，而這種實證主義，透過自身力量是沒有辦法論證其正當性的。很容易就設想得到，這樣一種限縮了意識生命自身的法學思想，有多麼必須從其他觀點——在此是從一種文化上更爲豐富的觀點——予以排除。因此，必須以另一種方式來證立法權，如下文所示。

〔21〕參見例如*Kelsen*, Reine Rechtslehre, S. 1.

〔22〕*Kelsen*, Reine Rechtslehre, S. 102；與之相對，更確切而言是完全相反，參見*Kant*, MdS, Einleitung, AB 22 = AA 6, 223. ——對於早就開始進行的批判，見*Kaufmann*, Kritik der neukantischen Rechtsphilosophie, bes. S. 20ff.

第一部　自我作爲自律【*】

一、從意識出發

1. 意識與思想

二〇〇八年，在北京的一個研討會上，討論「『啓蒙』概念在中國與西方思想中分別代表著什麼意義」這個問題的時候，中國與會者的意見可以總結爲一句話：「可不要跟我們用康德那一套！」[1]這句話應該是表達了對一個普遍適用之「理性」概念的拒卻。從中國的角度來看，有人認爲這個概念應該不是普遍適用的；其證立及發展在某程度上是受限於地域的，確切而言是限於西方的。

對於上述這個意見，最簡單的反駁可能是：從這個主張裡恰恰可以看到一個缺乏啓蒙的表現，隨後，將參與者置於不同的精神發展階段，最後主張西方已然獲得更高階的發展。很顯然地，在今天大概無論如何都沒有人會接受這樣的立場了。不過這樣一來，就會迅速導向在一定程度上第二簡單的解決方案，也就是精神立場上一貫的相對性與多元性。但如此一來，便表達出對於全然無知的坦承。

下文將試著指出，談論一種普遍的、與人相結合的原則並不過分，而它將會以最重要的原則之一，法權原則，作爲重心。康德的思想，將提供此一解釋進路重要的支持。但正因如此，一開始所提到的中國學者的意見，才不能輕易擱置。究竟這個意見是否有理由，以及是否具有正當性，就目前的論證階段而言，答案應該仍然完全保持開放。在此首先僅指出一個值得注意之處，即康德自己在思考究竟理性是否存在，以及理性是什麼的哲學問題時，應該會將這樣一個對理性的拒卻視爲是富有創造性的。康德在前面已經引用過的《1765-1766年冬季學期授課安排預告》（**Nachricht von der Einrichtung seiner Vorlesung in dem Winterhalbenjahre von 1765-1766**）[2]裡指出，在哲學中無法如同在幾何學中援引歐幾里得那樣，援引觀察基礎以資參照。人們只能學習哲思，而非哲學[3]。哲學知識的努力獲取，雖然永遠都倚賴先前的研究，但這樣的努力卻也不可避免地承載著以下任務，即將每

【*】譯註：本書書名之第一部分，Selbstsein，在中文並沒有完全符合原意的對應字，故與原作者討論後，以最合乎作者所欲表達之意涵，即「自律」（Autonomie），作為書名；至於書中提到此字時，將是不同脈絡而分別翻譯為「自我」或「自律」等。

[1] 參見Frankfurt Allgemeine Zeitung vom 29. 04. 2008, S. 40.

[2] *Kant*, Nachricht von der Einrichtung seiner Vorlegung, A3 = AA 2, S. 303ff.

[3] *Kant*, Nachricht von der Einrichtung seiner Vorlegung, A5/6 = AA 2, S. 306.

一部其研究的哲學著作，轉譯回該著作本身所由生、且對於反思者產生感應的思想動力當中。它涉及到透過思想力量而來的觸發，而非被動的立場承襲[4]。

在將一切訴諸於來自西方或東方的某一位思想家之前，首先有必要預作釐清，即就他所採取的立場而言，是否存在一個足以支持且具說服力的原則。在對於可能的不同答案加以考慮以前，應該要先找到與它相關的提問基礎。如同本書一開始所引述的，康德乃是在探問人類的本質，並對此加以闡述[5]。若是採用這樣的探問作為出發點，在跨文化的觀點上，西方世界應該就不會再顯得那麼盛氣凌人；因爲這個問題本身乃是普遍性的。要取得與普世要求相符的一致性基礎，只剩下最後必要的唯一一步：問題以及所給定的答案，都指向人類作爲具有自我意識、以及能夠思考的存在；只有基於一個這樣的人類，這個問題才能夠建構起來；只有一個這樣的人類，可以支配精神媒介、有效地回答問題。因此，思考並不是被理解爲不過是和其他（吃、喝、散步）一樣運作的活動，而只有在人們解西洋棋局、建造吊橋，或者是處理法律問題的時候，才開始運作[6]。相反的，思考在此乃是被理解爲具備著與人類的存有相一致、其本性乃是具有作爲精神實存（geistiges Wesen）特徵的性質，因著這樣的性質，人們才有可能有效地作出對於世界、對於其自身，以及對於他者的陳述。與這樣的一個思考概念具有同樣意義的，就是意識（Bewusstsein）。

這樣一來就更加清楚，一開始提及的中國學者所高喊的那句「可不要跟我們來康德那一套！」，在什麼程度上可採。因爲這和名字與權威的稱謂是要叫做康德還是孔子無關，也和那些宏大的概念譬如「理性」或是「啓蒙」無關。它僅僅涉及去理解一個和人類相連結的提問，以及一個可能答案的前提。「可不要讓我們思考！」毫無疑問，應該沒有與會者會做這樣的呼喊。

在這一點上，聚集了來自所有文化的人們一直以來致力處理的問題，亦即探問此一生命的基礎與特性，它的開始與結束，還有一個絕對者（Absolute）。測定這廣泛的領域，便是哲學——既然人們也已經將其名譯作了「人間智慧」（Weltweisheit）——的任務與功

【4】語言哲學在二十世紀具有如此巨大的吸引力，其中一個原因毫無疑問在於，它將精神實體與言說對於彼此的力量，與固化於聲音及文字上的經驗結合以觀。透過這樣的方式，它如此地接近一種思想，此種思想為了實用性，需要保有得以具體掌握的事物，並且彷彿在語言中發現了精神與物質的統合—基本上對大部分英美哲學而言即是如此。對於這個關係相當富有啓發性者，見*Apel*, Wittgenstein und Heidegger, S. 215ff.

【5】參見上文導論，註1。

【6】*Henrich*, Denken und Selbstsein, S. 21.

能[7]。對於此處所提出的、僅僅是哲學的部分任務而言，在這個領域中，還有一個對於思考進程而言相當重要的元素，需要予以詳加檢視。

2.與自我的關係（Selbstverhältnis）以及與世界的關係（Weltverhältnis）[*]

對於人類存在與意識的深入思考，必須始終顧及到進行這些思考的地方，一個突出、無法忽略也無法解消的所在，即每一個體的意識，或更模糊一點地說，即自我意識（Selbstbewusstsein）。沒有一個談到客觀精神或是一個絕對者的論述可以否認這個事實——如果它本身就從這個地方採取了一個出發點的話。要是思考脫離了這個承載著它自身的中心，它就很容易上升爲過於空洞的抽象概念，從而導致對自身的傷害，與對他者的危險[8]。反過來說，應當設定人類的自我，這個自我只有透過對於自身存在之反思性認知的整體，才可能被設想，而這個自身的存在，乃是受到所有與這種認知相連結的條件所影響。世界上一切導引的基礎，都是普世性的；在每一個與世界的關係當中，都存在著與自我的關係[9]。

在十九及二十世紀，從這個簡單的眞理衍生出重大的誤解。事實上，這個眞理既非聲稱主體的誇大與全能，也並非要在大量依循主觀而來的世界結構中，導向眞實的崩解[10]。

這個眞理所蘊含的洞見只是：欠缺主體的思考與欠缺主體的意識，乃是無意義的概念[11]。從每一個個體對精神實現性（Wirklichkeit des Geistes）的重要性出發，也將讓人了解，所有的個體在世界上會產生何等無盡的豐富性[12]。沒有對於這個眞理洞見的堅持，那麼到最後，人性尊嚴的論述也是空洞的。

[7] 對此偏好採用「宗教」者，讓人想起黑格爾的話來，據此宗教與哲學兩者都擁有對於它們對象的真實。（Enzyklopädie der Philosophischen Wissenschaft, Werke Bd. 8, §1）對此亦參見Korsch / Dierken (Hrsg.), Subjektivität im Kontext當中的文獻。

[*] 譯註：本書中翻譯為「關係」的字詞，包括了在原文中使用「Verhältnis」和「Beziehung」的字。比較兩者的動詞形式（beziehen/verhalten），可以對它們的語感有較為清楚的認識。一般而言，Beziehung通常指的是內部的、涉及雙方之間較為緊密連結的關係；而Verhältnis則偏向一般性的、與外部行為有關的、可能涉及與多方面的關係，後者有時也翻成「關聯」。為了中文閱讀理解上的便利性與順暢性，此處仍暫且都翻作「關係」。

[8] 化作命題的形式來說的話就是：主體性的否定，方才使得二十世紀的浩劫成為可能。

[9] 參照*Henrich*, Selbstverhältnisse, S. 3.

[10] 對自我意識的意義的批判類型，參照K. Düsing, Selbstbewusstseinsmodelle, S. 9-120. 裡面也提示，透過伴隨著否定主體而來的懷疑論「二十世紀不僅是在物理上，而且也是在精神上毀滅的一個關鍵世紀」（S. 11）。

[11] 而這裡指的是「真正的」作為個人的人類主體：所以在思考上，「社會」無法直接就被視為主體。

[12] 一段出色的描述，見*Dilthey*, Typen der Weltanschauung, S. 78ff.

在深入思考這些關係的時候，之所以要採取康德、還有建立於康德之上的德國觀念論哲學成就作爲基礎，其原因在於（這在導論中已有述及），康德哲學對於在基礎關係當中的人類自我，進行了最具決定性的深入思考。隨後的任務，就是從這些基礎關係裡得出一個法權原則（Rechtsprinzip），從而獲得一個共識，將人類的自我整合進去。由此一基礎見解的普遍性當中，也將隨之導出一個法權原則的普遍性。

二、自我

1.自然的自我

自我的第一個原初經驗，乃是自然的存在——在這個身體裡的存有，這一個我的身體。人們透過它獲得感官知覺，體會到疼痛與欲望，以及在它之內、在它的成長與衰亡當中，人們度過他的一生。它是所有行動的自然中樞——而當它被緊緊束縛的時候，人們會感覺到最強烈的被動性。儘管事實上，所有這些說法都已經預設了反思能力，它們都是立基於這個能力，並且就是這個能力自始讓這些說法成爲可能，但是它們仍然擁有一種來自自身力量的內涵，這個內涵無法解消在思考當中。所以在這裡——雖然就本文而言還太早——已經可以指出，這些在自然的自我這個現實中存在的、無法揚棄的事態，對於法權而言，一定也還是具有一些作用：人類的自然存在，要求在這個世界上擁有一席之地，也要求保證它自身的持續存在，直到它自然的終點。雖然，透過人類精神層面來實現這個要求的方式會有所調整，但是並不會從根本上徹底地推翻這個要求。

2. 對於自然自我的認知

對於自然的自我的描述，乃是著重在這個自我存在的組成部分。然則，正如適才所指，關於這個存在的陳述，同時又表現了一種反思性的能力【13】。我了解我的身體，知道這是我的身體，並且以它作爲世界之於我的鄰接部分。在此，這個相互關係必須永遠已經

【13】認為康德否認事物的存在，並且將我們對於世界的認知總體看作一個單純的結構，是對於康德哲學的其中一個誤解，而且產生此種誤解的原因不明。與此相對參見**Kritik der reinen Vernunft**導論中的第一句話：「毫無疑問，我們所有的認識都是由經驗開始；否則應該要透過什麼來喚起認識能力的產生，如果它不是透過擾動我們感官的對象，部分由自身來產生表象，部分令我們的智性活動開始運作，將這些加以比較、將其串連起來或是分開，將感官印象的原始素材加工為對於對象的一個認識，即這個被稱為經驗的東西呢？」*Kant*, KrV, B1 = AA 3, S. 27.

預設主體與客體的統一，且在此之前此事已被認知，而顯然在其性質上，於反思當中，透過這個主客統一的預設，與所有其他的主客關係相區別，客體乃因而被掌握，並且同時被超越。在此還沒有說明這件事如何可能。認知即是認知——並且僅僅藉由它，就能使人類感受與經驗的多重性，被當作（他生命的）一個整體來理解。探求身體與靈魂之間關係的問題，只能向一個反思性的認知提出，但此一認知卻又以前兩者的統一為前提。如此一來，也就能回答這個關於如何可能的問題了[14]：在為所有對於兩者間相互作用的見解尋求正當化理據的時候，只有透過作為統一體的主體的思考，方才使得這個見解本身成為可能[15]。——這種知識的力量與其重要性，不能被化約為語言現象。雖然思維過程的語言紀錄表達出一種思想最重要的——用黑格爾的話來說就是最具精神性的[16]——規制工具以及導引工具，但它並沒有反映整個實體還有動態；思想是流動的，而語言是固定的；當主要涉及到行為的時候，例如在法權當中，那麼歸根究底它（語言）甚至是無力的。

3.理論的認知

由這個原點所生的推論結果，來開展關於認知世界的一般性理論，並非本文的討論對象，故僅就與本文相關的地方加以指明[17]。理論認知作為世界的經驗性認知，是建立在感官印象（Sinneseindrücken）之上（但在理論物理中，這些感知最後是顯現在數學公式裡[18]）。因此在感知一個對象的時候，主體與客體間既存在一種內在關係，兩者間又存在著距離，因爲主體必須將自己理解爲感知者（Wahrnehmende）；康德的說法是：「我思考，必須伴隨著所有我的表象（Vorstellung）（……）[19]。」在此過程中，主體與客體間的關係，將成爲一種被知悉的關係（zu einer gewussten Beziehung）。這些認識的不同結構條件的交織物，只有透過認識者自身的統一體被整合在一起，才不會被感覺爲混沌

---

[14] 對此參照*Fichte*, Sittenlehre, Werke Ⅳ, S. 1-12.

[15] 這一點，對於本文撰寫當時所出現的有力理論，即大腦功能對人類存在具主導地位論而言，尤其重要。它所表達的觀點，也就是對於一個人類，以及它的一部分，普遍非反思性的客觀性視角，讓自我的反思性失去立足之地，而最終可能連對自己的說法都不能適切地理解。對此參見*Rath*, Aufweis der Realität der Willensfreiheit, (passim); 亦參見*Kelker*, Legitimität von Gesinnungsmerkmalen, S. 364ff.（對於兩者都可找到進一步佐證）

[16] *Hegel*, Philosophie des Rechts, § 164（語言作為「知性最具精神性的存有」）。

[17] 更貼近的是在此亦具有代表性的觀點，*Henrich*, Denken und Selbstsein, bes. 39-48.

[18] 對於數學作為物理的「語言」，*Heisenberg*, Sprache und Wirklichkeit, S. 139ff.（一九六〇年初版；亦發表於氏著，Schritt über Grenzen, S. 160ff.）

[19] *Kant*, KrV, B 131 = AA 3, 108.

（Chaos）。因此，所有的知識只有被描述爲一個主體的知識時才是正確的，而此一知識的基礎則是自我意識的統一體。重要的是，人類在追求知識的時候，永遠都是如此進行，亦即世界在對應於人類自身的統一體時，它也無矛盾地作爲一個統一體而被理解[20]。

4. 實踐與自我

當自我在上文的2.與3.所闡述的形式中被最簡略地**描述**（**beschreiben**）時，它也在對世界的實踐行爲裡被最直接地加以**體驗**（**erleben**）[21]。小孩子就已經會用小木塊來蓋塔樓，或是用沙子做烤蛋糕，並且明白自己是這全部事件的創始者。人們透過實踐，塑造出這個賦予給他的世界，並且同時以此在他的生命歷程中，建立起他的同一性（Identität）。他是否在概念上把這件事弄清楚是另一回事，但是他了解，他在這些事件當中，乃是作爲最重要的中心，並且如果其他人想要掩蓋這個重要性的話[22]，他也會如是作出與這個理解相符的反應。因爲不可忽視的是，永遠都有一個個人，在耕地、使用電腦、對美食與健身度假感到愉悅、對一個深陷危難者加以伸援，或是執法。聲稱個人必定會在「所謂的」現代世界裡，於網絡化與系統中覆沒，在某種程度上是錯誤的，又或者是從一種表面利害關係而來的假象，以及對人性嚴重的悖離[23]。當這些現實上的關係導致壓迫，則個人遲早會掙脫。無可辯駁，主體乃是在與他者的關係當中生活，並且這將本文的思路更向前推進。但是，主體必須總是認知到自身被接受或是被涵括在這些關係裡面。

藉由強調實踐與自我的重要性，也因而可以理解一個想法，這個想法在康德時就已經被設定[24]，而後在費希特的思想中全面出現，並被黑格爾承轉到一個精神的廣泛性理解當中：如果主體性是所有認知的最終基礎，又如果主體性最初乃是在實踐中經驗到它自身，那麼與世界相關聯的理論啓蒙，就必定是作爲人類實踐的一部分而被理解。然而，此一啓蒙其實服膺於特殊的法則性，因爲對象乃是透過（主體的）主動認識而被掌握，然後被轉

【20】這個想法也奠基在自然科學的努力之上，將複雜的問題縮減為清楚的公式。

【21】*Fichte*, Grundlage des Naturrechts, Werke III, S. 20簡要地表達：「據稱，實踐的『我』（das praktische Ich），乃是原初自我意識的『我』：一個理性實存只有在所欲當中才直接感知其自身，倘若它不是一個實踐的實存，它就不會（被感知），且從而世界也不會被感知，因此甚至也不會成為具有智性的。」——*Jean Piaget*在現象當中，證實了對人類發展而言，在世界中開展的意義，參照例如Entwicklung des Erkenntnis, S. 258ff.——*Klaus Hammacher*提出了一個被開展的、建構在行動與行為邏輯概念基礎上的法權論證（Rechtliches Verhalten, bes. S. 23ff.）。

【22】那麼反應就會是個人的反抗或—在壓迫人民的情況將是—暴動。

【23】對此亦參見*Mittelstraß*, Internet oder Schöne neue Leonardo-Welt, FAZ v. 25.07.2011, S. 7.

【24】參照*Kant*, KpV, A 215ff. = AA 5, 119ff.（實踐理性相對於理論理性而言的首要地位）。

而引導到認知當中。與此不同的是，在實踐中，世界將會被形塑，並且透過這樣的實踐而被改變。從這個關係會同時導出，關於像是人的意識或自由的說法，不是由理論知識的角度獲得的，因爲人無法像對待一個外在對象那樣，去理解他自己的基本組成。毋寧說這個理論知識總是奠基於意識性（Bewusstheit），還有據此（以更加確定的方式）而來的自由。「精神」（Geist）是否存在這個問題，在問題被提出來的同一時間就有了答案[25]。

在這裡只是簡短地提到這個基本觀念。爲了使本文的主題，也就是法權，不至於被忽略，必須在特定的觀點下，也就是要在脫離理論的觀點下，來考慮以世界爲場域的實踐行動。

三、世界上實踐行動的方式

1. 基本差異

對於被統一稱呼爲實踐的自我的不同表達方式，可以連結到一種康德的區分[26]。他區分兩種實踐型態[27]，第一種型態是在手段目的實現上的技術實踐行爲，但其中還顯示出一種重要的區別：一個是涉及到外在目的實現（嚴格意義的技術實踐行爲），另一個是涉及與作爲人類的存有（Dasein）必然相關聯的自身幸福之追求（自利性的實用主義行爲）。第二種型態則是道德的行動。在此，行爲並不是跟隨著一個目的設定，而是來自於一種對於應該如何形塑人類理性生命的認識。這些——總共是三種——實踐的型態，應該要更加仔細地加以檢視。

---

[25] 在這一點上也再次顯示了費希特《自然法的基礎》（Grundlage des Naturrechts）、黑格爾《精神現象學》（Phänomenologie）以及叔本華《作為意志及表象的世界》（Welt als Wille und Vorstlleung）之間的連接線。

[26] 下述參照*Hinske*, Grundformen der Praxis, S. 86ff. ——若是問，為什麼這裡要從康德而非—自當代任意舉出一個例子—像是由哈伯瑪斯（*Habermas*）的溝通行為理論出發，那麼回答將是，那樣的話將會立刻將行為跟互動相連結，並且由此被確定下來（參見Theorie des kommunikativen Handelns, Bd. 1, S. 128）。但這樣的方式必然將使得在現有康德定義下首要的（primäre）行為自我關聯（Selbstbezug）被貶低：它將被貶為一種次要的事態（Gegebenheit）。在這種思考進路的早期就已經可以注意到，溝通理論在決定正確的（倫理的，sittlichen）行為時（康德所謂實踐的最高階段）已經不再能夠認識每個行動的自我關聯（Selbstbezug）。對於由此建立起來的法哲學的批判，亦參見*Köhler*, Menschenrecht, S. 133ff. ——這一切早在哈伯瑪斯的一部早期著作Arbeit und Interaktion當中就已經顯露出來了。

[27] 下述參照*Kant*, GMS, BA 36ff. = AA 4, 412ff. ——康德在此談到不同的令式，不過這對於本文在此處的思考而言還不重要。

2.狹義的技術實踐行動

第一種直接與世界相連繫的方式，就是技術性的實踐行動。它指出了一種目的手段結構：設定一個目的，找出實現它的手段，並加以採用。可是在人類身上，這樣的一種結構並非來自於本能，而是奠基於一種精神的能力。這個能力在於，目的與手段之間的連結一開始是在精神上產生，其後在從手段到目的的外在行為中實現。於是，這個外在的改變，被理解為是由個人自身所導致的。康德在此已經——不可忽視地——全然正確地提到了實踐理性[28]。這個實踐理性仍然與理論的世界知識緊密結合，但它卻已經充分利用了它的這些法則性。日常行為的多重性就指出了這個事實，而人類的整體技術文化就是這種能力的表現；可能被設定的目的數量幾乎是無窮盡的。經由將自身與世界對立起來，意志（亦即實踐的認識）與行為在這個領域裡，仍然是道德上中性的。康德自己就指出，下毒殺死被害人，跟醫生治療病人，同樣是目的理性的行為[29]。然而，在此必須為稍後的討論預先指出，只要是涉及外在行為，就算與道德性質無關，在技術性的實踐擴展到與他人共享的世界當中時，一開始就已經存在著一個法權問題。

3.自利的（實用主義）行動

世界上的第二種實踐行動，雖然仍然是建立在目的手段結構之上，但是卻透過目的的特殊性，而與第一種相區別。因爲這裡只有唯一一個目的：主體自身的幸福（Glückseligkeit），或者（用更現代的話來說）自身的福祉（Wohlergehen）[30]。在此，實踐被以一種特殊的方式與它的起源，即活生生的個人連結起來。每一個個人所選擇以達到其目的的手段是無法特定化的，因爲它僅僅取決於個人的特定偏好。實現這些目標的行爲，雖然仍位於目的手段結構底下，但卻有著特殊性，即該目的肯定一件事：美好的生活是每個人都想要的——而他只能爲他自己決定，對他而言美好的生活是因何而生。這個目的是這樣的寬泛，以致於實現它的手段如此高度地個別化。有誰需要證據的話，只要看看

---

[28] *Kant*, GMS, BA 36 = AA 4, 412; *ders.*, KpV, A 36 = AA 5, 1f. ——順帶一提，在註腳49中所引述的康德思路與黑格爾在法哲學中的意志辯證法（Philosophie des Rechts, §§ 5-28）相比較，對於思考而言是相當具有吸引力的。

[29] *Kant*, GMS, BA 41 = AA 4, 415. ——整體上亦見*Schwaiger*, Kategorische und andere Imperative, bes. S. 15-28.

[30] *Kant*, GMS, AB 42f. = AA 4, 415f.

自己還有周遭人們的生活，或是去接受一下各個時代的文學與藝術作品的指導就行了。

自身幸福這種個人化程度最高的決定，與它的達成受到生命徹底變換無常的命運所左右這件事放在一起，顯示出一件事，那就是在這個場域中，對於正確的人類行爲，沒有一個可被引以爲用的普遍性標準[31]。康德對於功利主義的批判相當中肯[32]。不過，這裡也應該要預作堅持，那就是不能放棄追求更高的、反思層次上的幸福，而是必須將它一同作爲生命的元素。因此，再次重申一個對法學而言也十分重要的觀點：若是錯失或者忘記人類的這個面向，也就錯失了他的全部，並且將會遭遇阻力。不過與此同時，法學也可以從這裡獲得一個認識，那就是：由外部來成就個人的幸福不會是它的任務，也不會有一個這樣的普遍性任務，因爲那是不可能的。

4. 道德行動

世界上的實踐行動中最終的、從人類精神存在的層面來說也是最高的形式，乃是倫理道德的行爲。道德性或倫理性在此還是一種廣泛性的理解，尤其是它們也還沒有與法權相區別。道德的行爲受到讚譽，是因爲在其中，個人得以不考慮作爲個體的自身，而只在良善（Guten）的實現當中，追求一種普遍性的生活[33]。「不考慮自身」當然不意味著個人放棄了他自己的存在，或是在精神方面放棄了他的自我。這是他的意識生命（bewusstes Leben），他在道德行爲中將之提升，並在根本上優先實踐，因而達成世界上最高層次的實踐行動，因爲從這點出發的行爲性質（諸如幫助他人），存在於該行爲與人類精神本質的關係當中。在道德的行爲裡，人類才完全地作爲自己而獨立於他人，不再受外在目的牽引，不再受限於他自身的需求或好惡，而是完全向生命的良善看齊[34]。這種自我決定的能力，就叫自由。照理說，在這一點上會直接過渡到康德的實踐哲學。因爲依照康德，道德行爲乃是自主的、由自我決定的行爲。定言令式（「僅依循那些你可以同時想要其成爲普遍法則的準則來行爲」[35]）乃是自由的認識依據（ratio cognoscendi）[36]。然而，爲了要能

[31] 然而亦參見*Hegel*, Philosophie des Rechts, § 20: 然則給予事物的終究是一個「形式普遍性」。它闡明，何以認為將「追求快樂」（pursuit of happyness）理解為其共同生活基礎關係的生活形式也當真可行，美國就是一例。但是，由此是否能夠得出在這世界上共同生活的普遍規則，卻頗值懷疑，而這裡正涉及此點。

[32] 參照*Kant*, KpV, A 38ff. = AA 5, 21ff.

[33] 在亞理士多德已然可見，參Nokomachische Ethik, Buch II und III.

[34] 關注人類者，便能在這樣的行為實現當中，看見他的尊嚴。

[35] *Kant*, GMS, BA 52 = AA 4, 421.

[36] *Kant*, KpV, A 5, Anm. * =AA 5, 4, Anm. *.

夠適切地評價依照康德的思路所闡明的內涵，在此首先應該要採取一個嘗試，也就是在一個被康德的設想與概念性所接替的過程當中，把自我與自律的概念關聯起來。此外，還應該抱持著一個不可忽略的認識，那就是作爲此處主題的決定（Entschließungen），是由每一個單獨的意識生命統一體所聚集起來的，這也在自律的概念中被涵括進來。在上述背景下，應該要對這個概念更加仔細地加以研究。

四、「規範」與「自我」

1.「自我」（autós）與「規範」（nomos）作為自律的元素

對自律第一個、也是最淺近的理解，是這個概念中兩個元素的相關翻譯，自我（autós）與規範（nomos），亦即：自我立法（Selbstgesetzgebung）、自我法則性（Selbstgesetzlichkeit）。會與這個概念翻譯很輕易地相互連結的，就是源自歐洲啓蒙運動對於獨立主體的理解。

不過，從本文開展到目前爲止的論述，可以顯示，在「自律」這個概念當中，其實還包括了更加廣泛延伸的**力量**（**Kraft**）。當人們將這兩個個別的概念元素加以考慮，並且在考慮之後才將它們合併在一起的時候，它的特質就能更清楚地顯示出來。然後，才得以認識存在於這個連結裡的緊張關係，並且同時理解到，由這個緊張關係裡，能夠產生什麼樣的生命形式。

2.「規範」（nomos）

(1)

在一個從希臘文而來的簡單翻譯當中，「nomos」這個字是規範／法則（Gesetz）的意思。

一道法則指的是一道普遍的、客觀的規則。對於這種規則的第一個重要區分，乃是產生於對自然法則與人類行爲法則的區分。這個差異的基礎，是來自於法則各自的對象或內涵。

作爲自然法則的法則，涉及到作爲對象而存在的東西。也就是說，在這裡，規則不僅是客觀的（objektiv），也同時以客體（Objekt）作爲它的內容。康德如是稱：「自然界的每件事物都依循著法則而作用」[37]；也可以這麼說：它服膺於法則之下。即使一如在行爲中所必要的，把形塑普遍規則的認識行動，理解爲人類意識的活動，也不會改變下面這件事：認識的對象作爲認識的客體，是被預先給定、並且在這點上是不可更動的。客體不行動，而是被掌握。

康德又再進一步稱，只有一個理性的存在，「擁有能力，依照對於法則的**表象**（**Vorstellung**），亦即依照原則而行爲，或者說，擁有意志。」[38]普遍性的原則在這裡包含了另外一個內涵。因爲一方面，意識明顯地被理解爲規則本身的製造者，另一方面，規則並非以純粹服膺於它的客體爲對象，而是必須將意識與規則之間的關係，整合進規則的型態以及內容當中。

(2)

然而，與上面已經提過的行爲類型學相對應，規則與意志、還有意識與法則間的特殊關係，彼此呈現徹底的差異。技術性的實踐行動被納進這個世界，在這裡，在所有人類的創造力之外，自然法則對於行爲以及行爲的內在界限，仍然有著實質上的影響。在自利性的實用主義行動上，很明顯而且更加強烈地，是由一個依各別自身的、有別於他人的自我在起作用，普遍性規則因而成爲一個依照有利原則的個體—普遍明智規則（individuell-allgemeine Klugheitsregel），且隨著情況與經驗，也會迅速地改變這個規則的適用。

在道德的行爲裡，位居全面重要地位者，則是由一個指涉到行爲的法則概念的綜合體。乍看之下，大家肯定會以爲，此處再度是「普遍性法則」的力量在進行支配，在這個法則中，應然（或者：良善）獨立於個別意志而被決定，而應然支配意志一如自然法則支配著它的客體。在康德身上，人們或許還會看到以下敘述支持著這樣的成見，也就是定言令式的第二種敘述，它的拘束力同樣是依據自然法則而來。（「猶如令透過你的意志而來的行爲準則成爲普遍的自然法則般地來行爲。」[39]）然而，這樣一來便將忽略，意志仍然是法則的一個建構性元素；它涉及到的是一個道德實踐法則，而非自然的對象性（Gegenständlichkeit der Natur）。

---

[37] *Kant*, GMS, BA 36 = AA 4, 412.

[38] *Kant*, GMS, BA 36 = AA 4, 412.

[39] *Kant*, GMS, BA 52 = AA 4, 421.

接下來，要提出一個關於道德行爲更進一步、更細緻的法則概念觀察。在康德那裡，已經產生了來自規則普遍適用性的法則形式，還有隨後的應然。然而，一個形式必須要有內容，否則便無法引導實際上的行爲。在康德的理論中，這個內容是透過行動者的主觀準則產生，這個準則是行動者的主觀原則[40]。藉此，人們可能會說，他個人的生命現實將成爲道德反思性的出發點，並據此被具體化。然而，這個在道德反思性當中的內容與形式間的關係，正是需要更進一步闡明的。

(3)

回憶一下希臘古典時期「規範」（「nomos」）這個概念的發展，對此很有幫助。Felix Heinimann在他的《規範與自然》[41]一書中指出，「規範」這個概念的起源，是被理解爲與「自然」（physis）這個概念相對立的：自然代表著存有的眞實，「規範」則普遍地被理解爲「風俗習慣」或「需求」，並且——也由於當時與其他民族互動的經驗——被視爲等同於一種不斷變化、偶然的群眾意見。於是「規範」相較於「自然」代表的眞理，代表著偶然性，即表象（Schein）[42]。「律法」（「nomoi」）的相對性，被理解爲它的概念核心。特別是在柏拉圖與亞理士多德的著作當中[43]，只要理所當然成爲主題的是共同體的形式與意義本身，也就依然會習慣把「規範」理解爲法則，理解爲人類生活與共同體關係的應然秩序【44】。

儘管如此，回憶「規範」概念的起源，仍然對於不把與道德實踐行爲有關的法則概念過度窄化這件事有所幫助。這樣的窄化以兩種型態產生威脅：

A. 第一個威脅來自於，把法則概念連結到自然法則的客觀性上：這樣就會產生一個危險，那就是：自然規律性與由人類自行創造的秩序規則之間的關係的範疇上差異將會喪

【40】參照*Kant*, GMS, BA 51 Anm. *=AA 4, 420f., Anm. *.

【41】*Heinimann*, Nomos und Physis, besonders S. 39ff.

【42】在西元前五世紀，就已經出現對此的認識，其後所有的相對論者以帕斯卡（Pascal）的話來形容它：「在庇里牛斯山這一邊的真理，在那一邊便成了謬誤。」但針對此亦見*Carl Schmitt*, Nomos der Erde, S. 63f.

【43】參照*Platon*, Politeia; *ders.*, Nomoi; *Aristoteles*, Politik.

【44】包含在「nemein」這個動詞裡的「分享與放牧」（Teilen und Weiden）（譯註：這裡指的是，不單是占有，還要加以利用）將稍後於本文中在它的廣泛意義裡被證實。——不過，對此應該在這裡就已經順帶出現一個提示：「nemein」與德文的「拿取」（nehmen）語出同源，而「理性」（Vernunft）這個字則是「聽取」（vernehmen）的名詞化（類似的字詞構成像是「來源」（Herkunft）與「來自於」（herkommen））。理性可以聽取什麼？又是誰向他言說？——我們可以這樣問。

失[45]。接著，在結果上便很可能出現一個錯誤，這個錯誤可以回溯到「規範」與「自然」的歷史：把「規範」簡化為「自然」，並且只有在自然當中才會作為眞理而顯現。行為法則因而被理解為單純在「被製造出來」（Gemachtes）意義上的「被制定出來的東西」（Gesetztes），並因而顯現為一種偶然。這將意味著，法則概念喪失了作為實踐的普遍性意義。倘若它果眞毫無意義，那就表示對實踐而言，不可能存在普遍適用的陳述，因為沒有辦法確定除了主觀——偶然事件以外的東西。

B. 對於道德實踐行為概念的第二個窄化危險在於，將概念作為形式，簡化為它單純的客觀面。但在一個先在的秩序當中，總是存在著個人的意識生命，對於個人來說，這個作為既存秩序而出現的秩序，既不能單單被理解為偶然，也不能單單被理解為形式。個人必須要能繼續生活在這個秩序中，這表示，他在進入一種關係的時候，應該伴隨著他的主觀意識。

當談到一個道德實踐行為的普遍規則時，也必須確定規則的內容，否則道德將因而被摧毀。「風俗」與「習慣」、所有既存的善，也因而被保存在道德實踐行為的法則概念裡。

3.「自我」（autós）

爲了更進一步地確定在與其行爲普遍規則關係當中的自我概念，我們必須要在不同的行爲形式當中，考慮這些關係的不同模式。

(1)

在技術性的實踐行爲裡，自我是透過自然的不變性（Festgelegtheit）而受到限制，這個不變性，在這裡是——也是經由它自身的法則——作爲對象而作用。雖然在這個領域裡，產生了所有人類發現與發明的豐富性——從作爲移動延伸的腳踏車到太空中的火箭——一切都太容易讓人覺得，自我在此是自然的主宰。然而事實上，自我仍身處世界之中，只按照他的目的更動自然，並且同時必須考慮到那些既存的情況，而這些情況絕對不是首先來自於他自己的（智思的）；以上所說的，就像是把一根釘子釘在牆上這樣最平庸的過程。如果自我——在這個範圍內——拒絕遵從自然法則，那麼這樣的傲慢遲早會回擊

【45】對此亦參見*Carl Schmitt*, Nomos der Erde, S. 36ff. 這個錯誤並非透過堅持維護實然與應然的對立就能避免。因為如果應然語句在一定程度上被具體地處理的話，它們也會在與意識的特殊連結中變形。

到他的存有。消耗地球上資源的經驗與後果就是一個例子。

(2)

自我和行爲規範的關係，是用一種非常特殊的方式，在一定範圍中被組織起來的，這個範圍被以一個引人誤解的概念，也就是自身的「幸福」（Glückseligkeit）稱之。因爲這裡所涉及的「幸福」（Glück），中立地說，不過是一種個人行爲方式的自利性（Selbstbezüglichkeit），個人在此只評價這些行爲方式是否提升了自身的生活感受。康德相當正確地指出，所有人類的這個行爲目的，乃是自身（eigen）的，而非涉及一個偶然或恣意選出的目的[46]。這裡涉及的絕對不只是外在物質方面的幸福，例如財富的累積，即便許多人看上去是提升了他的生活感受，並且對他們而言，這個層次的正當性不可也不容否認。然而，這裡所談的幸福，對於那些過著放棄了物質財富生活的人，或是爲他人犧牲奉獻，以至於從外人看來像是自我屈辱的人，一樣可以體驗到。在此，自我以高度個別化的方式，完全位於其行爲的中心。當然，他的界限也不可避免：就算行爲目的已經確定下來，他卻無法預見是否可以達成。這當然和個別生命的轉變有關：一旦從某個地方得到了幸福，後面就只會膩煩生厭。另一方面，要確定行爲目的的時候，也從來無法完全忽視行爲的結果[47]。在這個層次上，整體來說，是由意識標誌著自我與其行爲基本原則的關係，既可以隨時採用、也可以隨時揚棄這些原則；它們的適用僅僅取決於個體意識的意志。

(3)

第三個層次，與其他兩個層次在根本上有所區別，在習慣用語中可以把這個層次稱之爲倫理性。在這個層次上，自我直接經驗到他的精神實存（geisteiges Wesen）；在這裡，自我不但被稱作爲此種精神實存，並且受到不再只由他自身所支配的要求。首先，考慮到自我的生命歷程，他可能會受到內容上既存的秩序性所擺布，並且體認到他服膺在這個領域之下。黑格爾在他的《法哲學原理》一書的前言中描述了這裡所講的第一步：「**不言而喻，關於法權、倫理、國家的眞理都如此地古老，早已在公開的法律、公開的道德與宗教中公開地表述或爲人所知。**」[48]然而，知識只對應於成熟的意識，共同承擔這個領域的一切，並透過將這個領域轉譯至自身生命當中的方式，既保持它（傳統）的活力，又繼續傳

【46】*Kant*, GMS, BA 42 = AA 4, 415.

【47】*Kant*, GMS, BA 46f; *ders.*, KpV, A 45ff. = AA 4, 417f.; 5, 25f.

【48】*Hegel*, Philosophie des Rechts, S. 13f.

承下去。據此，也就表現出一種依照自身意識生命而來的自我意義，緊接著黑格爾也直接提出了這樣的看法：「只要從事思維的精神不滿意以這樣近便的方式取得眞理，而是眞理應該也要被理解，並爲其自身已然合於理性的內容獲得合於理性的形式，據此它對於自由思維而言顯得合理，此一思考並非停留於被給定者（Gegebenen），透過國家的外部積極權威或人類的協同一致，或是透過直接贊同精神的見證而被支撐，而是由自身出發，並據此要求要知道，其在最內裡深處與這個眞理乃是統一一致的，那麼這樣的眞理還需要什麼呢？」【49】

自我和這個應然領域以及精神文化的關係，乃是一個相互關係。這個關係由自我建立，然而這個自我在其生命的統一體當中，只是一個內容已經被決定了的整體的一部分，不過，這個整體要是缺少了個體，就不會擁有眞實性。此一者只有透過另一者才如其所是。在此，一套倫理對於個體的約束，基本上不管怎樣都不會被個體認爲是一種外在於他的束縛，而是一個來自精神領域的要求，而他自身也作爲參與者，隸屬於這個精神領域。

要一再強調的是，不管是在他的自然存有中、抑或是在他的行爲實施中，自我都不可忽略地是一個統一體；他的自我理解（Selbstverständnis），也始終還是由技術性的實踐行爲與自利性的實用主義行爲所建構。即便如此，倫理的第三層次還是開啓了一種對自身性質的認識，向個體指出了他的普遍意義。

4.「自我」（autós）與「規範」（nomos）的連結：自律

藉由對自我和倫理秩序之間的相互指涉性（Wechselbezüglichkeit）的描述，現在可以在一種補充意義上來談自律。因爲透過到目前爲止的思路，應該已經相當明白，「自我」與「規範」之間的連結，允許雙方進行一種不同的定位：它們變得在一定程度上可以相互移動。自律，相應於一種西方所認識的自我概念，在某種程度上可以側重在「自我」（Selbst）以及透過自我宣稱（Selbstbehauptung）而來的獨立（Seblstständigkeit）結果來加以理解。然而，對於探求法權這個本文的核心問題來說，非常重要的是，去學習理解其他「自我」與「規範」的構成方式。亦即，透過剛才所說，自律的兩個元素可以相互移置的關係，也首先讓這件事成爲可能：自我與他人服從於一套秩序，卻又不牴觸他的獨立性，並在此獲得他的滿足。倘若這另外一種自我的形式，從根本上就不被理解爲人類從精神上建構的生命形式的可能性，那麼也就無法有效、可理解並且適切地談論一個像是人性

---

[49] *Hegel*, Philosophie des Rechts, S. 13f.

尊嚴或者人權的概念。因爲這樣的自律概念，乃是與意識生命的動力自身密不可分的。稱某一種自律的外在形式是錯誤、落後或未啓蒙的，就表示自以爲有能力攫取生命的意義，並專制地加以重塑。然後，一種對自律過於快速的片面性認識，便會對表面上的屈從者而言轉變爲律法，從而對其成爲一種他律（Heteronomie）。

在以下章節中，將指出三個例子，來呈現對自律型態的擴大理解[50]。

五、自律的型態

1.佛教（Buddhismus）

乍看之下，應該很少有比將自律概念與佛教放在一塊更矛盾的了，因爲佛教給人的第一印象就是它否認自我，它正是要求超脫自我。然而，經過更加確切的觀察，或許可以指出，這樣的矛盾只會出現於以下情況，那就是當人們將自律等同於一種彷佛僵化了的獨立性，而非將它與活生生的自我結合的時候。但是，一如此處所述，只要對這個連結進行持續的思考，就會明顯產生更多自我與佛學及其學派的接觸點[51]。因爲，只有當人們弄清楚，雖然自我建構了個體的統一性，但在其中卻是作爲一個永久的動態過程進行思考（精神不是靜止的）的時候，才能眞正一窺世界的堂奧。

早先的印度哲學，明顯地在個體的自身（atman，阿特曼）[52]當中，看到此一動力所在。這個自身的開始，建立了第一次的認知活動，並且導向這樣的認識，即「無限者（……）並非（在）有限者的彼岸，而是在有限之中。[53]」在喬達摩（Gautama Buddha，

---

[50] 筆者明白，他在下列章節的前面兩個例子中，作為一個對這些例子而言終歸陌生之人，乃是前往一個多麼廣大、獨立、具有漫長歷史的精神領域。當然要指出，其中每一個領域都需要一門屬於自己的、窮盡畢生的學問，尤其還要顧及各自的語言、文字外加上語意的維度。要是即便如此，筆者仍然敢於發表關於它們的陳述，那麼單是出於這個理由，這個陳述便不應顯得咄咄逼人，因為它僅僅是以關注法權來嘗試去發現精神的普遍結構，並且用這個方式傳達文化之間的關係，以及據此更加嚴密地論證它們之間法權關係的必然性。

[51] 對佛學的闡述乃是依據下列著作：*Essler / Mamat*, Pholosophie des Buddhismus（然而往往有與西方哲學過於粗暴的對照）：*Frauwallner*, Geschichte der indischen Philosophie; *Han*, Philosophie des Zen-Buddhismus; *Radhakrischnan*, Indische Philosophie; *Rosenberg*, Probleme der buddhistischen Philosophie; *Zimmer*, Philosophie und Religion Indiens. 可作為概觀提供者有*von Aster*, Geschichte der Philosophie, S. 1-12; *von Glasenapp*, Die fünf Weltreligionen, S. 61ff.

[52] 這涉及到Yājñavalkya的理論，對此參見*Radhakrischnan*, Indische Philosophie, S. 122f; *Essler / Mamat*, Pholosophie des Buddhismus, S. 7ff. ——譯註：阿特曼即真我、神我。

[53] *Radhakrischnan*, Indische Philosophie, S. 144.

約西元前五三六－四八三年）[54]的理論中，則似乎出現了翻轉。佛陀尤其批判阿特曼理論採用一個不變的自我實體，以及它在有限之中的枷鎖。他自己的無阿特曼（Anatman）理論相反地要求超脫自我。如果（作爲受啓蒙西方公民的）人們只看這個簡單的敘述，必定會將它理解爲自身個體性的消滅，也因此是某種不可能的任務。然而，這樣一來，就會無法看到眞正的問題所在。因爲決定性的問題是，何以必須要超脫自我，要如何做到，還有對於做到它的人而言，代表著什麼意義。佛教對於這個問題的答案，被記述在所謂的四聖諦（亦作智慧）裡面[55]。

根據第一諦，生命就是受到有限之苦；隨著出生就已經決定了死亡。這個痛苦的根源是來自於（這導向第二諦）慾望、「飢渴」、有限本身，這個有限企圖迫使人們進入慾望的王國。第三諦指出一條由燃燒的慾望與「飢渴」中救贖的方向：在涅槃（Nirwana）當中解開枷鎖。涅槃從字面上翻譯就是：「非燃」（Nicht-Brennen）[56]。當人們先總結這三諦，就可以談及一種由它們所要求的人類的精神化（Vergeistigung），因爲只有藉由它們，人類才能得到他的眞實：精神[57]。在此，人們也就會認識到，涅槃乃是一種精神狀態；它並不等同於一種「虛無」（Nichts），而是一種從世界的表象裡超脫的實然（Hinaus-Sein）。

涅槃只是四聖諦中的第三諦，而非最後一諦。這最後一諦乃是來自對於產生精神化途徑的闡述，就是所謂的八正道：正見、正思維、正語、正業、正命、正精進、正念、正定[58]。

這四諦顯示出，將佛教理解爲一種遁世意義上對世界的否定，並不適當。在相應的文獻當中，一再指出，對於佛教而言，人類的成功精神化這條道路同時也是目標，但絕非生命的毀滅與躍入虛無[59]。

---

[54] 比較：柏拉圖，西元前四二七—三四七。——譯註：喬達摩即佛陀悉達多的姓氏。

[55] 下述參見例如*Frauwallner*, Geschichte der indischen Philosophie, S. 182ff.; *Essler / Mamat*, Pholosophie des Buddhismus, S. 37ff.; *von Aster*, Geschichte der Philosophie, S. 15ff. ——譯註：無阿特曼即無我。

[56] *Essler / Mamat*, Pholosophie des Buddhismus, S. 120f. 亦參見*Radhakrischnan*, Indische Philosophie, S. 329.

[57] 這裡也就很清楚，何以佛學理論在當前完全唯物主義化的西方如此受到青睞：人們由遺忘或全然不知自身文化基礎，一躍而遁入看似全然不同的另一方。但如此一來，佛教就只會變成一劑靈魂的阿斯匹靈。以這種外部方式，要達到對文化—作為人類活生生的文化—的相互理解，毫無疑問是行不通的。

[58] 參見*Frauwallner*, Geschichte der indischen Philosophie, S. 184; *Essler / Mamat*, Pholosophie des Buddhismus, S. 182; *von Aster*, Geschichte der Philosophie, S. 17.

[59] 對此，下面的提示或許可以作為外部證據，也就是在佛教傳統中，不僅殺死一個人被看作一項特別嚴重的犯罪，而且「讚揚死亡之美」（praising the beuty of death）也被認為是殺害。參見*Ratnapala*, Crime und Punishment, S. 7, 111ff.

四聖諦中的第四諦，描述了佛學理論實際上所要追求的目標：人類生命的眞實，它實際上的意義，而它是從人類的實踐當中形成的。許多佛學理論都以此爲目標[60]。這樣一來，就不必驚訝於禪宗的中心概念是與人爲善了[61]。據此，大概可以不失眞地說，佛教乃是由內而外產生光芒，雖然生命關係不能終止在它的有限性當中，然而在無法避免的苦痛經歷的彼岸，乃是它自身，並且同時包含了另一個維度，這個維度是免於一切「燃燒」的。

由此可以窺知，何種自我也是佛教仍要維持、何種則是應該克服的。應該要克服的自我，是將自身理解爲世界唯一的焦點，表現爲僵固不化，對抗生命、特別是對抗精神。要保留的自我，則是在這條道路上，縱或不斷變動，依然呈現一種精神上的連續性，甚至在輪迴[62]理論當中，也必須顧及這種連續性。人們是與他人一同踏上這條道路的：經文乃是指向他人，要在他們各自的道路上支持他們。因此佛教在政治方面是一種和平哲學[63]——依據康德，這是所有法權與政治的終極目標[64]。

不過，若是在這裡正確地理解「規範」與「自我」之間的關係，就不會強行主張，在佛教中同樣也可以談及此種意義下的人的自律。自我乃是依照自己的方式實現精神——「自己」（eigen）當然不是一種外在界定意義上的，而是作爲精神的個人光芒本身[65]。

「自我」與「規範」的關係，在他們的緊張對立當中，擁有一種承載著個人生命道路的力量。佛教思想，作爲一種「規範」來觀察，乃是一種世界的解釋，它包含了自我，並且同時要求自我參與到這個解釋中，承接它的眞理。以這樣的形式活著的生命，不可避免地有別於西方的公民獨立性。不過，對於法權而言，應該預先予以釐清的是，何以這個自律的型態能夠、並且必須要求一種對承認的固有權（Eigenrecht auf Anerkennung），即使它——表面上——放棄了所有世間的規範。

---

[60] 作為例子，在這裡可以統一參照由Nyanatponkia Thera所翻譯的Lehrreden des Buddha aus der Angereihten Sammlung（新合輯共五冊）。幾乎每一頁都可以發現指向一個人道的（合乎人性尊嚴的）、亦即由精神所形塑的生活的理論。

[61] 對此見*Han*, Philosophie des Zen-Buddhismus, S. 114ff. 亦參照日本鞠躬禮的深刻意義，於*Ueda*, Vorüberlegungen zum Problem der All-Einheit, S. 136ff., 139ff.

[62] 對此參見*von Glasenapp*, Die Entwicklung des indischen Denkens, S. 30ff.

[63] 對此參見*Bechert*, Buddhismus, Staat und Gesellschaft, Bd. 1, S. 5ff.

[64] *Kant*, Zum ewigen Frieden, B 112 = AA 8, 386; *ders*., MdS A 235 / B 266 = AA 6, 355.

[65] 對此亦參照*Rosenberg*, Probleme der buddhistischen Philosophie, S. 203ff.

2.儒學（Konfuzianismus）

(1)

對於受儒學影響極大的中國思想而言，倘若將自律等同於劃定界線的自我狀態的話，它對自律的概念也必定是陌生的。但只要將這個概念與意識生命的動力相連結，並且能夠將世界上不同的行爲導引方式納入其中，那麼在中國思想上，就會顯示出一種特殊的自我定位方式[66]。因爲在這裡，自我經驗到，他被整編進一個統一的整體，天、地與人形成一個統一體，彼此交互作用，並受到一個無所不包的法則所支配。「大宇宙中所有現象，在人類的物理、精神與倫理生活中都有其對應。」[67]在此情況下——人們或許會說當然——對於連繫各部分的一種建構力量，無疑歸屬於人，他的自我，他的意識；例如儒家四書中以《中庸》爲名的第四冊，便專注於個人力量對於倫理秩序的重要性[68]。然而，有別於西方啓蒙的進路，這個精神存有的眞實，並非來自於從一個牢固的外在秩序統一體中解放，而是成功安置在與世界的關係當中。在儒家思想裡，應該會更爲清楚地顯示這樣一種思想的形貌。

(2)

在孔子（西元前五五一／五五二－四七八）身上，必然會看見一種中國思想的體現[69]。一九〇六年，他還經由一紙清朝聖旨，與天上及人間諸神被等而視之。他的學說可以歸納在四部經典著作中[70]，其中較詳盡的一部，《論語》，乃是孔子與其弟子的對話集

---

[66] 對儒家理論的闡述乃是依據下列著作：Lehren des Konfuzius，由*Richard Wilhelm*翻譯，*Hans van Ess*撰寫前言，2008 (darin Lun-Yü—Gespäche)：*Liang*, Chinese Polotical Thought; *Liu*, Confucian Philosophiy; *Hackmann*, Chinesische Philosophie; *Schleichert / Roetz*, Chinesische Philosophie; *Wilhelm*, Chinesische Philosophie; 作為概觀見*von Glasenapp*, Die fünf Weltreligionen, S. 117ff.

[67] *von Glasenapp*, Die fünf Weltreligionen, S. 117.

[68] 該書卷一，第五條中甚至表達了與一個西方精神基礎相似的所謂黃金規則：「施諸己而不願，亦勿施於人。」（譯註：施諸己這一句應該是出現在中庸第十三章之一）更簡潔的是在論語，衛靈公第十五，第二十三條（在那裡是表達為實踐令式）。（譯註：即「己所不欲，勿施於人」，但應該是二十四條，而非二十三條）

[69] *Wilhelm*, Lehren des Konfuzius, S. 45：「孔子乃是中國人民中壓倒性多數的歷史典範，要是不了解這個典範，就沒有人能夠正確地評價一個民族。」

[70] 對此一般性介紹見*Wilhelm*, Lehren des Konfuzius, Einleitung, S. 31ff; *van Ess*, Lehren des Konfuzius, Vorwort, S. 35ff. 概觀見*von Glasenapp*, Die fünf Weltreligionen, S. 139ff. ——譯註：在此指光緒三十二年，祭孔大典由中祀改為大祀，與祭天地及祖先並重。

（這也是《論語》書名的翻譯）[71]。

儒家的學說，在本質上乃是一種正確生活（eine Lehre vom rechten Leben）的學說，也就是一種道德哲學和普遍的實踐哲學。孔子，據稱，並非一個「思辨之腦」（spekulativer Kopf）：他並不將他的思想指向世界的最終基礎[72]，認識論也不是他所深切關心的。不過，不應該一開始就低估實踐哲學的概念，還有其思想的射程範圍。「未能事人，焉能事鬼？」，當孔子的一個弟子向他請教（非常廣義的）形上學的意義[73]時，孔子這樣反問他。這其中顯示出一個思想，用我們的概念，或許可以稱之爲人類生活現實中的理性內在。而透過將這個思想整合進一個正確生活的學說——而這就是儒家的學說——也可以讓這個思想不致流於過度的驕縱[74]。

儒家的基本設想在於，正如同和諧的一切，人也應該要與他自己協調一致地生活，因爲他本性即善。然而，自我的個別能力對正確生活來說越是重要，個人就越是無法單靠自己創造這個生活的內涵。正確的生活來自於與一種傳統秩序的協調一致，並且在「忠」與「孝」概念當中開展。它們乃是「仁」的根源，儒家哲學的中心概念之一。仁的意義是多層次的；可以將之一般性地譯作「人性」或「人道」[75]。有一個弟子請教孔子仁的本質；孔子回答：「愛人。」[76]在這個問題上，他也談及所謂的黃金律（己所不欲，勿施於人），然而，他也指出，單靠這個規則還不能爲實踐做出積極規定：在實踐裡不僅涉及相互關係（恕），而且總是同時涉及構成義務的相互關係[77]。人與人之間正確的關係，乃是依照五種關係來規定的[78]：父－子，夫－妻，長－幼，君－臣，以及朋友之間。經由學習過去的歷史，以及過去歷史中偉大的倫理建制，就可以認識這個世界的既存秩序。

---

[71] 不容忽視的是，對人類具有重大影響的思想內涵，往往是藉由對話的方式傳遞的。（例如佛陀、孔子、柏拉圖與基督）。

[72] *Hackmann*, Chinesische Philosophie, S. 77f.

[73] 論語，先進第十一，第十一條。

[74] 況亦參見*Liu*對中國哲學的評注（Confucian Philosophy, S. 16）：「首要關注的是存在的，而非理論上的。」

[75] 對此參照*Hackmann*, Chinesische Philosophie, S. 86ff.; *Schleichert / Roetz*, Chinesische Philosophie, S. 34f.：對「仁」的意義層面亦參*Liu*, Confucian Philosophy, S. 16ff; *Liang*, Chinese Polotical Thought, S. 38ff.【對於人際性（Interpersönalität）有很好的論述】

[76] 論語，顏淵第十二，第二十二條（譯註：樊遲問仁）。儒家亦使用「仁愛」一詞（作為對他人的尊重、實踐的愛：參照論語，衛靈公第十五，第二十三條。（譯註：應該是二十四條）

[77] *Hackmann*, Chinesische Philosophie, S. 85.

[78] 對於此一倫理生活的構成是否源出儒家學派的孟子（lat. Menzius）這個問題，見*van Ess*, Lehren des Konfuzius, Einleitung, S. 37.

不過，倫理關係的意義並不只侷限於私人關係。在國家生活中，一套良好的秩序也完全倚賴統治者的倫理。孔子認為，所謂的治理，就是給予一種正確的方向[79]。統治者必須是一個倫理的榜樣，培養自身的品德。「道之以政，齊之以刑，民免而無恥；道之以德，齊之以禮，有恥且格。」[80]

由這個簡短的概述可知，這裡處理的是哪種「自我」與「規範」的關係：自我適應於一個普遍秩序，並且完全只在其中獲得其自身。然而，如同論語中許多立場以及在《中庸》一書中所顯示的[81]，這只有當他在此合於倫理地形塑他自身時才能辦到。要是沒有人格的力量，國家制度本身就會死亡並失靈[82]。儘管如此，它依然停留在：個體的自我狀態，並非作為證立的與自我證立的原則被加以思考，而是透過每一個體的作用，對良善秩序的活化，這個個體依照這個秩序，形塑自身而入「聖」（Edlen）。儒家將「聖」這個概念與世襲貴族脫鉤，並將之重塑為一個道德概念[83]。如此一來，他的思想便顯示出進一步的可能性，將「自我」與「規範」設定在一種關係當中，並且在更進一步的意義裡理解自律[84]。

3. 西方啓蒙的自律主體

(1)

由這兩個至少是概括式地勾勒出來的佛教與儒家的自我概念[85]，可以更清楚地揭露

【79】論語，顏淵第十二，第十七條。（譯註：季康子問政於孔子。孔子對曰：「政者，正也。子帥以正，孰敢不正？」）

【80】論語，為政第二，第三條。——對於這樣的想法有多「現實」這個問題，參照*Liang*（Chinese Polotical Thought, S. 52）：「孔子被他同時代的人批評為『明知不可為而為之』。這是對他付出的最高敬意。」

【81】對此亦見*van Ess*, Lehren des Konfuzius, Einleitung, S. 38.

【82】*Wilhelm*, Lehren des Konfuzius, Einleitung, S. 35.

【83】一如其他，在這一點上呈現了與康德哲學驚人的相似性。參照他對於世襲貴族的評注，「一個思想的東西，不帶有任何現實性」（MdS, A 192 / B 222 = AA 6, 329）。

【84】接續在註腳50所說，再次強調：在援用所有的批評意見來要求一個這樣的思想之前（它是家父長式的、必然是由於農業生活型態所致、沒有給予個人對抗共同體的私人權利、限縮婦女地位等等），應該首先要接受這個課題，讓自己感同身受，並且思考這個問題，為何一個長達二〇〇〇年的文化，會在這個思想當中發現他們的典範。沒有這些理解上的基本功，就不可能達成文化之間的相互理解，以及建立起世界上的法權關係。

【85】或許有人會問，何以未將伊斯蘭進一步作為巨大的思想力量加以說明，尤其是在進行對它的分析討論時，將會論及當代的眾多問題。但伊斯蘭是一個宗教：只有當「西方人」自身與絕對者的關係再度明朗

出一個自律的形式，這個自律形式源於歐洲的啓蒙運動，並且它的態樣經常與「自律」（Autonomie）這個概念合而爲一。它的發展有賴於笛卡爾、霍布斯、洛克、盧梭和康德等人。在下文中，主要會以康德的例子闡釋自律的概念輪廓，不過隨之也會以洛克（John Locke）爲例，指出把這個概念予以化約所造成的問題。

(2)

依據康德，「自律」基本上意味著個人「只是他自己的，但仍然服從於普遍的立法。」[86]單是這個說法就顯示，「自我」與「規範」在康德這裡——無疑一眼就看出與1.及2.底下描述的概念有所不同[87]——是處於怎樣的一種交互關係之中：個人乃是道德主體，因爲他本身就是訂立他自己所遵從的律法之人。讓一個這樣的自身生活道德指引成爲可能的原則，依據康德的說法就是定言令式，他也將它稱爲「實踐理性的基本法則」[88]，它的第一種敘述方式是這樣的：「僅依循那些你可以同時想要其成爲普遍法則的準則來行爲。」[89]因此，理性表達了一項令式，因爲人類同時也作爲一種自然的實存，他絕不會「自發地」（von selbst）遵從那些被正確認識到的東西，而是在自我決定時，也必須要克服自己抗拒實現正確之事的阻力。然而，在康德的定言令式裡，人類侷限性的這一面，絕非僅以一種似乎要成爲阻礙的方式出現。它在準則（Maxime）概念當中，也有一種積極的意義：它是「行爲的主觀原則」，是「理性依照**主體的條件**（通常是無知或好惡本身）所決定的實踐規則。」[90]藉由準則，具有意識生命的具體個人，成爲他自我決定的基礎以及出發點；更普遍地說，透過定言令式，給出的是理性的自我決定，而透過準則給出的則是內容。也就是說，這個令式的「無條件」（Unbedingte）（定言，Kategorische）並非由於它沒有內容，而是由於，這個「意欲」（Wollen）不是經由這個內容被決定的（如同在技術性的實踐規則或是明智令式上那樣）。定言令式永遠都超越這些限制。然而，假若它不具備既提供它對象亦提供它阻力的內容，那麼它形成法則的力量便將落空。當康德將定

化，而非只是充滿驚奇地發覺，在世界另一端的人們還有一個信仰並且也活在二十一世紀的時候，才真的可能取得與它的相互理解。——但是，對於在第二部分要處理的法權問題而言，這還不甚重要。

[86] *Kant*, GMS, BA 73 = AA 4, 432.

[87] 不過康德自己也說，其中存在著一個內於西方自身所採傳統的變遷。（參照例如*Kant*, GMS, BA 73 = AA 4, 432; BA 88ff. = AA 4, 441ff.; *ders.*, KpV, A 63ff. = AA 5, 36f.）。

[88] *Kant*, KpV, A 54 = AA 5, 30.

[89] *Kant*, GMS, BA 52 = AA 4, 421.

[90] *Kant*, GMS, BA 51, Anm * = AA 4, 420, Anm. **（強調部分為作者所加）

言令式稱之爲自由的認識依據（ratio cognoscendi）時[91]，指的是內在世界的自由，在它當中，出於自由的因果律得以實現[92]。普遍法則連結到主觀的基本原則，即準則，並且重又回頭關涉到它的起源之處：是應然主體（das Subjekt des Sollens）在行爲，而非其他。在此，定言令式中的法則概念，雖然是普遍客觀規則之一，但不是由個人成爲其他人的立法者。主體只問，其他人在相同情況下是否也能像他自己一般，依照同樣的主觀基本原則決定他們的行爲。主體就是如此協力於一套共同的倫理秩序，但如果沒有他的反思以及他的行爲，這套秩序也就不會存在。

然而，透過定言令式，對於準則內容以及它的解釋過程，可以爲「自我」與「規範」的關係呈現出一些重要的東西。因爲準則的內容不一定會限於主觀侷限性之上（例如出於自私而爲的自殺、用盡一切想像得到的方法增加自己的財產、或是對於自身人格的侮辱挾怨必報[93]）。可能引發質疑的，也包括準則內容根植在與他人互動的文化當中（例如總是遵守長輩的建言）。對康德而言，主體雖然也能夠普遍性地設想（denken）這樣的一個準則，但卻無法普遍地意欲（wollen）它，因爲這樣就會摧毀他對於本身行爲作爲自我立法者的根本性意義；像這樣的定理，僅能作爲明智規則（Klugheitsregeln）適用。然而問題是，有意識的自我融入到一套秩序中，是否即爲主體的自我放棄（Selbstaufgabe des

Subjekts），也就是一種自律的放棄？思考自律概念時，應該要釐清的是，自律概念是奠基在一個基本上積極的關係之上，這個關係是自我和一套在內容上被決定了的秩序之間的關係，主體也參與到這一套秩序當中，而不是立基於一個基本上消極的、根據其分殊化而來的關係之上。如果在這個法則當中，除了法則形式外，還看到了一者（自我）與另一者（他者）的連結，並且個人在嚴格意義上是無法從這個連結中脫出的，那就不會完全曲解定言令式的「普遍法則」。

在繼續探究這個想法之前，爲了理解西方啓蒙下的自律主體，讓我們先把另一條線「自我作爲自身狀態」（Selbstsein als Selbststand）拉到前面討論。因爲它不僅對應到一個需要更進一步闡明的預先理解，還呈現了一個既是理論上被證成的、又是實際上有效的主體概念。然而，這個概念只能維持在一個更廣泛的概念場域裡，才不致破壞法權原則。在洛克的自律主體概念裡，就表現了這樣的概念。

【91】*Kant*, KpV, A 5, Anm. * = AA 5, 4, Anm. *.

【92】亦參見*Kant*, KpV, Einleitung, A 30f = AA 5, 15f.

【93】這些例子出自康德自己，參照*Kant*, GMS, BA 53f. = AA 4, 421f., 及KpV, A 36 = AA 5, 19.

(3)

對洛克而言，一個自律主體所有決定的出發點都在於下述事實，那就是它一開始是以權利的三元組合（生命、自由、財產）所組織起來的[94]。在個體進入一切有著他者的共同體、或是參與任何共同秩序之前，他就已經「占有」（besitzt）這些權利，並且也帶著這些權利與他人互動。只有透過契約，才能夠與他人成爲共同體[95]。個體並不是經由這樣產生的共同體獲得獨立性（因爲他已經擁有了），他只是保障了他自己的地位[96]。一個這樣建構起來的共同體，有一個特別的特徵，尤其呈現出一種原則上的不穩定性：因爲這個共同體是以契約確立，所以它永遠也能被解散[97]，它是一個目的性的共同體，而不是一個成員之間原初的、有深厚基礎的結合[98]。在此，「自我」與「規範」的關係是這樣被形塑起來的：一個被固定在其法權地位有限性中的主體，創造出一套秩序，這套秩序僅僅是他個體性的作用。因此，一種傲慢的基本特徵，必然會內存於該秩序當中。

將這個立場與康德的思想作比較，首先值得注意的是，康德講的主體性，實質上是一種反思性（Reflexivität）：自我必須要認識到自身的原則（準則），並將其提升爲普遍法則。這裡還沒有談到權利（Recht）或是複數權利（Rechten）；如同在本書第二部分裡所要指出的，要從先於法權的基礎再推進一步，才是通往法權的那一步。就洛克而言，似乎是直接從自我的存在（Sein des Selbst）著手。即使證明這是自我的一種可能存在形式（且未因此同樣招致占有式個人主義（Besitzindividualismus）的批判[99]），然而，假若以之排除其他自我存在形式的適用，仍然是一個過分而不恰當的主張。正是這個孤立的個人主義存在形式——當把它提高爲普世決定的存在形式時——必然會引發所有將其意識生命奠基在其他自律型態上的自我存在形式的抵抗。

(4)

因而，爲了進一步的思考，必須再一次更確切地研究自律與自我的概念。一如所指出

---

[94] 參照*Locke*, Zwei Abhandlungen, § 6；亦參照§ 123。對此見*König*, Begründung der Menschenrechte, S. 143ff.

[95] *Locke*, Zwei Abhandlungen, §§ 95ff.

[96] *Locke*, Zwei Abhandlungen, §§ 87ff., 123ff.

[97] 參照*Locke*, Zwei Abhandlungen, §§ 221ff.

[98] 不過要指出，洛克是朝絕對者當中尋找法的基礎（上帝將人類送到了世上，*Locke*, Zwei Abhandlungen, § 6）。這將值得單獨為文論述，再度喚起西方自由主義在其目前形貌下對於此種傳統的意識。

[99] 參照例如*MacPherson*, Besitzindividualismus, 對Locke S. 219ff.；正確地反對對於Locke處理的概念限縮問題，如*Brandt*, Locke und Kant, S. 87ff.

的，在作爲一種實踐概念被思考的「規範」概念當中，已然隱含了與他人在一個文化中的生活。然而，自我似乎也必須要被理解爲個人自身的統一體。不過，進一步的反思將指出，「自我」已經包含了一者和另一者（自我和他者，ego und alter）間的變換關係，甚至對於他自身的意識存在而言，也預設了這個關係。這開啓了對自律的一種完全不同的定義可能性，也就是對於法權的關注。

六、自我的起源

1. 實踐作為自我意識的條件

根據到目前爲止所採的思考進路，個別的自我乃是相對於一個世界，在這個世界當中，自我透過他的行爲發生作用。這些行爲的基礎，自我的統一性，他的「我」（Ich），已經被預設爲前提了。這個前提的設置無法從外在實現，而是在與世界——在這裡被理解爲客體——的關係中，不是由世界，而是只能由「我」（Ich）來完成。不過問題是，是否只能僅僅從自己來建立這個可能性？因爲每一個對於探問這個可能性的解釋，始終已經預設了那個應該要被解釋的東西：自我。「我」與世界之間的關係必然始終不確定，因爲當這種關係的其中一方未定，那麼另一方也會維持未定，從而整個關係亦然。

這就是費希特最重要的成果之一，至少在某個特定的點上解決了這個問題。他將自我意識的基礎追溯到一個點上，在此，透過另外一個意識，使得他的自我形成（Selbstwerdung）成爲可能，利用它來幫助他形成意識[100]。這個同樣還需要更確切描述的過程，可以在對他人的承認概念（die Anerkennung），以及隨之形成的承認關係概念裡，做個語言上的歸納。這個概念的整個內容，並不是開啓在一個僅涉及一者（「承認」）相對於另一者（「形成者」dem Werdenden）力量的單向關係當中；這個內容毋寧必須在更多方向與層次上展開。對這個概念內容而言，重要的是在人類實踐中的自我經驗（Selbsterfahrung）。在承認的開展進程中，自我決定的現實性，與對於也受到自我決定的另一個存在的綜合推斷交織在一起，這個他者的存在，乃是透過以下方式，在根本上區別於所有自然界的客體（Objekten），亦即，他的行動只能用意識（自我意識或他者意識

【100】對此參照*Henrich*, Fichtes ursprüngliche Einsicht, S. 188ff.; *Zaczyk*, Das Strafrecht in der Rechtslehre J. G. Fichtes, S. 14ff；此外還有收錄於合輯*Kahlo* u. a (Hrsg.), Fichtes Lehre von Rechtsverhältnis中的文章。

下的）行為來解釋。據此，對於個體意識而言，也就可能給出一個解釋，進行一個對自身意識自我之形成的反思性分析【101】。

先在的（vorfindlich）自我意識（即依據自身的「我」，das je eigene Ich）以及回溯地確定它的產生條件，描述了這個過程的基本步驟。自我透過經歷（erlebt）它作為其行為的基礎，在他的行為當中經驗（erfährt）其自身。然而，只要個體與他的行為糾結在一起，這個自我經驗就完全不可能。而要脫離這個狀況，並使自我的經驗得以進行，就必須完成第一個步驟，這個步驟只能由一個已經產生了的意識來完成：讓自身能夠與世界相互對立（entgegensetzen）。然而在此同時，卻永遠都已經預設了那件應該要被證立的事情：自我證立的意識。如此就產生了一個無盡的回歸，繞著自己打轉。

不過，意識的立足點可以在一個穩固的他者意識當中找到，這個他者意識承認作為自我的前者，並且因而讓前者的經驗成為可能，讓他成為人（Mensch）。費希特將這個他者的預先設定，稱之為對於前者的請求（Aufforderung），請求他對於有效性（Wirksamkeit，亦即實踐）作出決斷。在這個請求裡彷彿有一份請求者的提問設計，而如此一來，被請求者已經在這個提問當中受到了尊重。如果被請求者給予答覆，表示他同樣也將自己表現為尊重請求者的行為之基礎，那麼這個一開始只是有問題的、亦即暫時的關係，便會成爲定言而無條件的。一人的實踐與他人的實踐，一人的自我意識與他人的自我意識，建立起一個相互作用的統一體。

2.與他人的統一作為自我意識的條件

費希特用父母教育子女作爲例子，來具體闡明這個在概念上高度壓縮的過程。然而，在這個闡釋過程中，必須預防將它化約爲育兒的危險。在將一個概念（承認關係）由實踐邏輯轉譯爲人類生命歷程的時候，還隱藏了一些認識，這些認識是被費希特自己——或許是無意地——透過下述的說法加以掩蓋，亦即將承認關係（直接地，不過據此亦簡化地）等同於法權關係。

就算是只考慮作爲生物的個人，每個人若是想形成自我，都需要有對他全心關愛照顧的他人，而最理想的他人就是父母。要是沒有他們，個人打從出生開始，一直到之後很長一段時間裡，都是脆弱無助的。在自然條件下，個人沒有辦法在欠缺雙親的情況下成長，

【101】對承認概念（也及於黑格爾的哲學）參照*Siep*, Anerkennung als Prinzip; *Wildt*, Autonomie und Anerkennung.

而他要形成自我意識也需要他們。只有透過關愛照顧，他才會成爲依其天性（Anlage）始終如是者：一個意識到他自己的人格統一體，一個自我[102]。發展心理學、特別是兒童與青少年心理學研究，以一種令人印象深刻的方式證實了這一點——包括對於形成人格發展不全的認識，這個認識只有在這個實證背景之下才能夠讓人理解[103]。

因此，個人在他的發展始點，就只能被給予——正如他自己也只能接受一樣。這個人類作爲自我的形塑過程，具有一種育養與保護的自然面向，但他的整個性質，要等到考慮在他身上起作用的精神實體時，方才顯示出來：在愛與信賴中的親密連結，這個連結到最後將會經由教育者的放手，給予形成者形成自我的空間。這個發展的終點，是一個自律的自我（在上文章節五當中發展出來的自律的進一步意義），有能力給予他人他自己曾經接受的那些東西。

如果依照費希特，將這個關係標示爲法權關係，就會阻礙整個對承認關係的理解。因爲這會引發一種設想，也就是這種開展的關係僅僅侷限在外部的相互獨立性上。然而，這個關係必須要跟一個人與他者之間被預先理解（vorverstandene）的統一性放在一起思考，而這種統一性也包含了一個法權關係的可能基礎。

3.超驗性（Transzendenz）作為這個統一的條件？

雖然它看起來超出了本文的主題，但是，針對這個透過一個你我關係（Ich-Du-Beziehung）來創造自我的論證，還要再就一個面向加以回應。它涉及一個問題，也就是在不參考一個絕對者（ein Absolutes）的情況下，是否還能思考自我以及據此而來的自我意識？

費希特自己回答了這個問題。他在《自然法基礎》第三章的推論當中寫道：「所有個體（Individuen）都必須被教育爲人（Menschen），否則他就無法成爲人。在此，不由得會在每個人身上產生這個疑問：如果認爲一個全人類的起源，亦即，第一對人類伴侶是必要的（……）—那麼誰來教育這第一對人類伴侶？（……）一個神（Geist）要照顧他們。」[104]費希特意識到一個事實，那就是被描述的請求關係以及答案，亦即承認過程，會

---

[102] 從而，黑格爾合理地將家庭理解為倫理的一個面向。參照*Hegel*, Philosophie des Rechts, § 157, §§ 158ff. 對此相近的觀點如*Brauer*, Natur und Sittlichkeit, bes. S. 181ff; *Weber*, Theorie der Familie, bes. S. 79ff.

[103] 對此參見收錄於*Oerter / Montada* (Hrsg.), Entwicklungspsychologie中的不同文章。

[104] *Fichte*, Grundlage des Naturrechts, WerkeⅢ, S. 39f.

加強對其自身可能性之解釋的不斷上升，最終在絕對者之中發現自我的起源。倘若將這一條路導回它的起點，個體的自我，那麼就有很好的理由可以說，他的存在必然包含著與絕對者的關係，從這個關係才能解釋他的存在。只有一個超驗的關係，才能使在世界中的自我的整個解釋成爲可能【105】。

從而，這一點還是與本書的主題相關，因爲它開啓了對自律概念的另一個觀點。它正確地指出，基督教對於西方自律概念的形塑而言曾具有何種意義，即使經由它也同時可能走向神律（Theonomie）之路【106】。尤其是在康德的概念裡，還能看到與路德宗教改革的緊密連繫【107】。然而維持不變的是（而這普遍適用於歐洲啓蒙運動），在作爲宗教的基督教當中，始終假定了與絕對者之間的連結，康德也透過理性主義重新確定了這個連結。對康德而言，神被稱爲人類實踐理性的公設（Postulat），而耶穌只是一段歷史中教示道德的「英雄」【108】。只要人們爭取從一個傾向於壓制獨立思考的教會信仰中解放，那麼像這樣一個由自我意識內在邏輯而來的、對於將耶穌神格化保持距離的看法就是必然的。但一如所示，無疑要問，這個問題是否像是許多近代以來的人所認爲的，已經清楚解決了。要深究這個問題，已經超出本書所要處理的範圍【109】。不過，提起這個問題，還是有助於澄清，西方的民主在面對不同文化時，擺盪在傲慢與不確定之間的立場。它還沒有切斷與絕對者的連結，並且也從這個連結當中了解它自身【110】。這一點，對於一個國際法權關係型態而言相當重要，因爲如果沒有對這種複數文化的承認與包容，就無法想像這個關係。因爲，此一章節的思考已經指出，自我可以（而且就此而言對他自身有效）在他生活於其中的不同倫理秩序關係裡決定自身。據此並不是在講一個毫無根據的相對主義，這點稍後還會再進一步說明。人們並不能任意地進出上述這些基礎關係，像是去度假一樣；這些基礎關係毋寧形塑了一整段生命以及一整個文化。對於事實上關注於形成有效法權概念的本文而言，本文的任務乃是彰顯這個自我相異定位的意義。因爲，據此在根本上就已經設下限制，不得

【105】參見*Henrich*, Fichtes ursprüngliche Einsicht, S. 188ff., 220, Fn. 29; Grund im Bewusstsein, S. 263f., 426, 753ff.; *ders.*, Denken und Selbstsein, S. 42f., 81。對這個主體性思考的結果見收錄於*Korsch / Dierken* (Hrsg.), Subjektivität im Kontext，及*Langthaler / Hofer* (Hrsg.), Selbstbewusstsein當中的文章。

【106】對此參照*Blumenberg*, Autonomie und Thonomie, Sp. 787ff., 791.

【107】一般性參見像是*Dilthey*, Weltanschauung, S. 212；更接近的見*Bauch*, Luther und Kant, bes. S. 143ff.; *Katzer*, Luther und Kant, S. 103（兩者較B. Bauch靠得更緊密）——亦參見*Blumenberg*, Kant, S. 554ff.

【108】參見*Kant*, Religion, B 114 / A 105 = AA 6, 82.

【109】對此參照*Henrich*, Denken und Selbstsein, S. 13ff.; *ders.*, Grund im Bewusstsein, S. 753ff. 亦參見（結合史賓諾莎（Spinoza）的倫理學）*Bartuschat*, Selbstsein udn Absolutes, S. 21ff.

【110】對此再次參照註85。

解釋一套秩序在整體上是正確的，另一套基本上是錯誤的，一套較高等，另一套較低等，並且從中導出針對彼此的實踐權限（praktische Befugnisse）。然而，此處進行的思考也有一個基礎概念：每個人自身的意識引導著他自身的生活。這是存在於他基本特徵當中的自由。自我意識與自由乃是互換概念；其中一者表達了另一者所表達的。

七、自律與人性尊嚴

1. 自我與人性尊嚴

到此爲止的思考，讓導入與闡明人性尊嚴概念成爲可能。將這個概念從人類自律當中推導而出，乃是一個經常被主張的證立方式，在此（常是很直接地）與康德相銜接[111]，然後考慮到的是從《道德形上學的奠基》而來的立場。康德在此將人類的尊嚴描述爲他內在的價值，這個價值使人在根本上突出於每一種相對價值[112]。然而，倘若進一步，在自律概念下，了解西方啓蒙主體被固化了的獨立性，例如洛克所指，那麼就會接受據此對預先形成的「自我」與「規範」關係的規定，作爲替代選項的規定則顯得不再具有空間。如果還將僅僅倚賴聖經而來的上帝形象思想納進先驗的、支持人性尊嚴的理由當中，那麼像這樣的人性尊嚴立論，似乎無法具有普遍效力。

依照這裡所掌握到的作爲人類意識自我的自律概念，儘管強調之處不同，在康德後繼者的理論中無疑顯示出，由自律而來的尊嚴，乃是不可或缺地爲每個人所獨有，以及何以如此。因爲他生命中自我指引的精神力量，已經與他的自然存在相連結。只有如此，才能完整地了解一個他人——而他只能被一個他人所了解，這個人在他的基礎關係當中與他相等，並且同樣擁有其自我。此一個人的統一性，不是一個數量的統一；自我乃是一個活生生的、發展中的、積極活躍的統一概念，與眾不同，並且只出現那唯一的一次。它從來不曾被外界影響力完全決定，以致於每個自身的「我」（Ich）喪失意義或是完全消失[113]。

【111】參照*Gerhard Luf*收錄於合輯Freiheit als Rechtsprinzip中的論文。

【112】*Kant*, GMS, BA 77 = AA 4, 68.

【113】從而，各種型態的獨裁者，關切的永遠都是對於這個廣泛意義上自我決定的消除——而自我決定的力量正是他們最後必然會失敗的原因。酷刑作為人類對人類最為醜惡的凌辱之一，當然也牴觸了由自我概念所劃出的界線。

對於一個這樣被掌握的人性尊嚴概念，它的基礎在實際上就只有自律，不過在各自發展出來的方式裡被理解爲自我，在這其中，自我並不對抗他人，而是與他人一致。而可以對「自我」與「規範」進行各種不同的規定這件事，對於確定彼此之間的關係來說，還不重要；這些問題要到法權上才會成爲主題。所以人性尊嚴概念不得談及「原始文化」，並且完全排除由一個像這樣的宣稱所導出的、任何針對這些文化的權力（例如將它的成員當成奴隸）[114]。雖然要強調，在世界觀上各有差異是理所當然，並且不能否認，一些已開發的工業國家，由於其科技成果，在外部的生活技術層面上，相較於崇拜自然神祇、並且把大環境視作命運預先給定而努力適應他們的生活條件的群體而言，相對顯得突出，但是並不能肯定，這些已開發國家在單方面專注於外在、而且僅僅是物質技術的時候，是否就沒有另外一個人性面向仍然落後，並且有充分的理由說他們在這個面向上是原始的。

2. 人性尊嚴作為法權基礎

人性尊嚴屬於每一個人類實存所獨有，而人性尊嚴將人類實存的總體含括於一個概念當中。它並非人類成熟過程的產物，而是基於卵子與精子的結合，而專屬於人，直到他死亡。它證明了個體乃是人類（Menschheit）的一部分，同時又透過它代表了整體。人性尊嚴不是權利，因爲它並沒有分享到一個個別的地位，能夠在一者對抗另一者時被加以利用，從而也不會有一個人性尊嚴的審判者[115]。在一個思想實驗上，被當作權利來思考的人性尊嚴會產生一個矛盾：一個對所有人的權利（如同霍布斯）據此基本上就是對所有權利的摧毀。

人性尊嚴是法權的基礎，法權原則乃是由它而生，因爲只有在與個別人類的存有相結合時，才有辦法考慮人性尊嚴，在它當中也就包含了創造生活關係的要求，這些生活關係保證了個人在一個統一的世界（地球作爲封閉的球體）當中的存在（作爲自然的，如同作爲精神的，以及同樣作爲人類的實存）。但是，生活關係永遠只有在與他人的共同群體中才能想像，這已經存在於這裡所發展出來的自律概念裡了。由它以及它的推論，產生了在

【114】對此亦參照*Zaczyk*, Wie ist es möglich, ein Menschenrecht zu begründen?, S. 259ff.

【115】從而，如同一種普及於德國憲法理論上的意見，也就是將德國基本法第一條第一項視為一個權利聲明，乃是一個錯誤。對此見Herdegen, in: Maunz / Dürig, Grundgesetz, Bd. 1, Art. 1, Rn. 29, m. Nachw. in Fn. 8 und 9。如果犯下這個錯誤，那麼據此開展的思考進路，最後不可避免的結果，將會是把人性尊嚴變成實證法學家們所操弄的對象（在趨勢上更糟糕的是行政法的對象）。更接近這裡所發展的理解見*Enders*, Menschenwürde, S. 501ff.（當然仍有將人性尊嚴看作一種「對權利主張的權利」者）。

思想上具有說服力的一點，即一個人必須與其他人並存地生活。這個想法被歸結在這個法權原則中，它同時包含了生活方式的統一與差異，並使在這地球上共同生活成爲可能。這個近於對人類生活絕對必要的人性外在建制，乃是由人性尊嚴所要求，並且由法權來完成的。

第二部　自律與法權

一、提問範圍的擴充

即使與他人的連結，對於自我關係之形成與形塑同樣也具有根本性的意義，本書第一部分主要仍專注於每個人的自我關係，以及隨著這種關係而來之原始的與不可忽略的獨特性與個體性，最後，人性尊嚴也在這個人與人之間的脈絡中獲得證立。這種作爲自律的自我之說法，有一個本質性的面向：人的實踐，亦即，（廣義的）人的行爲；意識與生活在其中以一種特別的方式相互連結。康德所提出的行爲種類，因此成爲第一部分的重要元素。

從現在起，要繼續處理的議題是：更精確地將人的實踐之交互主體面向納入討論的視野，以及探問系爭實踐的前提與結果。論證的梗概大致如下：由於個人的自我只能夠在一個單一的、連結其他人與所有事物的外在世界中，透過與他人的存在而被理解，個人的實踐因此必須與他人的自我取得合致（verträglich）（反之亦然），就此而言，相互的，從而是共同的自我，即透過行動而聯繫。在這種說法當中，所呈現出之存在的相互確保、並且在人的實踐當中連結了個體、交互主體與整體的原則，即是法權原則。而這個原則乃是透過作爲法實踐理性的理性而開展。[1]如果不是只從實證的角度「作爲人而外在被既予（Sich-Geben）者」，而是從實踐邏輯的角度看待行爲，那麼藉著直接連結法權原則與人的實踐，法權原則的開展與實現，即存在於主體每個外在行爲的開展當中。[2]從而，法權原則是先於所有實證法而存在的。

法權原則的開展——這也仍然只是梗概式的說法——導出了彼此內在交錯，卻又不失其獨特意義的三個向度（Horizant）。第一個向度，是從個人的、但也已經是與他人的外在行爲產生連結的外在行爲所導出；第一個向度的界線，構築出了個人在與他人的相互合致性當中的個人生活。唯一的人權：自由，即存在於這個層次中，惟系爭人權不只能夠在涉及主體的層次思及，也能夠進一步地顯現在另外兩個層次中。第二個向度，是個人所建制的共同體（die verfasste Gemeinschaft von Personen）；這種共同體之主權（自我決定）

[1] 這是《道德形上學》一書《法權論》當中，〈導論〉§B的內容核心（AB 31-34= AA 7, 229-233）。在本書所採取的進路中，法權原則是透過些許修正過的自律概念（參見第一部）而被置於以主體際為出發點的視角中—這尤其應該歸功於費希特的法權關係概念。對此也請參考*Zaczyk*, Struktur des Rechtsverhältnisses, S. 9ff.

[2] 這是參考自康德的說法，其中，法權原則是「分析的」。（*Kant*, MdS, Tugendlehre, A 31 = AA 7, 396）. 不過，Kant在此也已經預設了本書第一部分業已提及的意識與生活的統一（Einheit）。

的對內行使，即是它的邊界（「國家」），並且，直到主權出現才使法權的體現（亦即法官/院）成爲可能。第三個向度，則是在地球上所有共同體的共同體；從而，領土終結之處，即人類生活中法權領域終結之處。[3]

二、包含他人的自我

1.在實踐中的自我關係與世界關係

自我的原始統一性，是以一種特殊的方式，在每個人的行爲中被經歷的。這已經在本書的第一部分中一再地說明。移動、製造、幫助他人，形塑某物，是生活的基礎經驗[4]，這從孩童身上就已經可以觀察到，透過回想自己的生活也可以確定這件事。這種向周遭世界的開展，同時適用於自我關係與世界關係（現實性與作用）。因此，也可以說，行爲之現實性（Welthaltigkeit）因此被完全包含在人的實踐的概念當中。這種特性並非只是具有意識之行動的附加物，而是這種意識性本身的構成部分。這裡所說的，便是前面已經提到過的自我與生活的整合，這樣的整合在根本上建構了實踐的基礎與框架。任何一種斷開這個關係的、對於人類實踐的說法，在基礎上即錯失了這種統一性，並且再也找不到一個位置，讓統一性能夠從較具體的決定中，再次覓得進入實踐的（例如，規制性的）入口。[5]

2. 自我與承認

連接自我關係與世界關係的另一個面向，顯現在第一部分中曾經說明過的自我的產生條件。他人的行爲，使得個人能夠形成、並且成爲行動具有自我意識的中心。對於人而言，這表面上看起來雖然只是自然流程，但其實是實踐的產物。因爲撫養者與教育者並不只是根據自然而行動而已，他們也是自我決定地行動（因此他們也可能錯失了必要的事

---

[3] 在此，向度（Horizont）的概念不是認識論式的，而是與法（權）中之實踐的不同面向有關（主體際的、集體—普遍的，放諸四海皆準的）。

[4] 精闢的說法請參照*Fichte*, Grundlage des Naturrechts, Werke III, S. 20：作為「原初自我意識之我」的實踐之我。

[5] 從這個角度來看，所謂溝通理論的主要缺陷在於，他解消了康德的定言令式對於行為的聯繫，繼受了普遍化原則，卻又僅將其理解為智思的形式原則（intellektuelles Formprinzip）：實踐因此僅侷限於語言的實踐中。

項）。但他們在此連結中的行爲（與自然的聯繫在此也可能相當重要），卻也總是以理解他人之自我形成爲基礎。正如教育者一般，這裡所說的他人也應該是自我決定的。這也恰恰說明，外在目的的設定，不必然只是自我關聯性的（也可以說是：自私的），而可以同時是自我設定與涉及他人的。這樣的想法，首先仍僅侷限在一種需要透過他人的自我才能完遂的、較狹隘的教育領域當中。[6]在自我的起源裡，（從被教育者視角而言的）與他人的第一次接觸，包含了一個從內在的關聯中本質上不會改變態樣的、被供給了愛與信任的自我（因此，一如之前所說，能夠進入家門中的法律是相當有限的）。[7]我們可以將這種相互性的領域稱作是家庭，不過也必須與一般的小家庭相區別，因爲這裡本質上涉及的是原始關係的實體，而非這種關係（在歷史上）的不同型態。

倘若我們將上述的思維擴展出原先的領域，並且置於與他人共存的關係中，便會顯示出，上述的思維包含了一個以相互性爲基礎的、每個人自己的、卻又會在一個共同的範圍中相遇的行爲領域概念。基於生活的積極性（Positivität），每個人都擁有一個原始的請求權，亦即，要求在以與他人的關係作爲預設的形構中，被視作與他/她相同者而被承認。這不是一個經驗性的預設，而是每個具有人類面貌者都會要求承認，也都會爲了每一個具有人類面貌者做如此要求。[8]法權原則因此在內容上被進一步地確認爲：在外在行爲中，對於作爲自我意識的他者的積極承認。[9]法權原則對於雙方面都是有效的；只有在透過法意識所決定的行爲上，才表現出人的法權性（Rechtlichkeit）。

3. 行為作為意識與存有（Sein）的綜合

行爲的現實性，是透過以下的基礎證立的，亦即，人只能透過身體獲得存在（Dasein），並且透過身體而行動。據此，也可以進一步導出：身體雖然是物質世界的一部分，卻是自始屬於每個人自己的，因此也是先於任何法權行爲而存在，並且與人性尊嚴的證立相連結。藉由個人只能透過身體而行動，並且透過與他人存在的相互指涉，他人也

---

[6] 費希特特別強調教育與先在的（vorfindlich）自我意識之連結，請參*Fichte*, Grundlage des Naturrechts, Werke III, S. 39 f。但也請參*Hegel*, Philosophie des Rechts, §§ 173-177; 對此亦參*Weber*, Theorie der Familie, S. 95ff.

[7] 參*Hegel*, Philosophie des Rechts, § 159。

[8] 對此請參*Zaczyk*, Wie ist es möglich, ein Menschenrecht zu begründen?, S. 265ff.

[9] *Fichte*（*Fichte*, Grundlage des Naturrechts, Werke III §§ 1-4）因此，原則上將承認關係確定為法權關係，並且從中導出自我意識的起源。但是，意識存在於每個關係中的相互關聯，延伸得更深入，並且排除了如同下面的結果，即如費希特一般（錯誤地）從法權關係的這種理解中，將上述的相互關聯發展為刑法：對此請參*Zaczyk*, Anerkennung.

知悉從而必須尊重這件事，身體的完整性，原則上也如同每個人的生命一樣，屬於一種必須在行爲中被互相承認的權利。[10]但最後，在整個世界裡一個突出的位置上：在個別的行爲當中，意識與存有相互連結。如此一來，一個以自律爲基礎所證立的法權理解，在法權的起源點上，實然與應然的區別被揚棄了，並且被綜合地統一於有意識的行爲當中。[11]

4.行為現實性的要素

(1)

已經首先透過人在物質世界中對於身體的必要性而獲得證立的行爲現實性，在所有行爲自我指涉性的連結裡，造成了以下結果：外在目的的設定，與透過行爲對它的實現，是每個自我在世界中所形成的。無論自我的創造物能夠藉由他人的目的設定而獲得多少（例如，基於工作過程的高度複雜所需的分工合作），都不太能說這種自我的創造物是沒有意義的，並且拋棄它；它一直保持著作爲這樣一個個體目的的設定與實現的特徵，並且起源於個人的自我，而非他人的自我。這些創造物仍然是目的的實現的產物，並且產生了主體賦予生活的意義。我們可以將上述的說法稱作廣義的（且絕非僅涉及物的）個人占有。這無非就是在說，自我是外在地實現於自我的行爲當中的，並且也指出了自我本身外在的連續性。因此，正如同自我在此觀點中理解並獲得自己，自我也必須理解其他人——比在2.中所描述的承認能力更進一步。這個意義下的占有概念，應在幾個層次上與所有權（支配）（dominum）的概念有所區分：它不是被社會建構的，特別是，它沒有一種排除他人的意義內涵。它所涉及的，毋寧只是正面地對於所有人皆然的必然性，也就是，在這個世界中擁有一個立足之處，並且認識到此事對於自己與對所有其他人皆是有效的。[12]

(2)

在上述占有的基礎概念中，有另外兩個關於實踐的自我的要素，而第二個要素與第一

[10] 費希特在這個關聯中提到所謂的「原始權利」（Ur-Recht），Grundlage des Naturrechts, Werke III § 11，也請參照 § 10。

[11] 請參*Fichte*, Versuch einer neuen Darstellung der Wissenschaftslehre, Werke I, S. 467：「行為的概念，是唯一統一了在那裡的兩個世界的概念，亦即，感性的與智性的世界。與我的行為對立的—我必須反抗的，因為我是有限的—是感性的世界，應該透過我的行為形成的，是智性的世界。」

[12] 一種尤其是在工業國家所觀察到的，將某程度的失業率視作當然之理而接受的趨勢，是在自以為高度發展的現代中，不人道的標誌（之一）。對此也請參*Köhler*, Das ursprüngliche Recht, S. 317ff.（有更多的論證）

個有關：

A. 人作爲個體的有限存有，始於出生：他「來到這個世界上」。[13]對於人的繼續存有的一個不可或缺的條件，就是在地球上擁有一個立足之地。由於地球是（球形的）閉鎖界域，而人類——單純從自然的角度來看——是一種陸生動物，因此，占有立足之處的必然性，乃是產生自人的存有本身。這個必然性並非以一種必須要向他人提出的請求權形式而存在，毋寧是，所有的行爲皆以此必然性爲基礎。

康德正確地在他的《法權論》中提到，占有立足之處與占有其他的外在領域（一個比較簡單的例子，如占有某物），就如同實體（Substanz）與附質（Akzidenz）一樣地相互作用，因此，占有一個立足處，對於整個占有學說而言，也有非常重要的意義。[14]因爲，假設個人連立足之地都沒有，那麼，他與他所占有的所有外在事物，都會在他人想要利用時被奪走。在一切的流動中，人的行爲仍舊需要一個中心，而這個中心需要一個基礎。

承認人占有一席立足之地的必然性以後，法權另一個物質性的構成部分，早已在法權起源點上，即以特出的方式進入了討論的視野：人類的統一性與地表的統一性一致。這個構成部分，將在證立法權原則的第三層次，但也一直要到此原則開展至個別的型態之後，才會歸結出來。因此，康德對此的說明是正確的：人對於地表有一種原始的共同占有。[15]

人類的統一性，也只有在以下前提下，才不致成爲一個空洞的概念，即對於被吸納並包含於這個概念當中，擁有被歸給他的共同占有部分的人類存有予以設想的時候。地表因此不是個人所有的土地的總和，而是從它的統一性中被分配的。[16]

---

[13] 上述對於人的本質與其尊嚴的確認，在生產的案例中也沒有悖反。屬於權利的外在存有關係，一直要到出生方才存在。在出生之前，再怎麼想，人也只能在與他人的連結中，作為他人（母親）的部分而存在。這是兩個人，但不是兩個法主體的連結。由此觀之，單純從傳統法概念所關注的重點，就不可能妥善地處理中止妊娠的問題。

[14] *Kant*, MdS, § 12. —關於康德的占有學說請參照 *Brandt*, Eigentumstheorie, S. 167ff.; *Brocker*, Kants Besitzlehre; *Kühl*, Eigentumsordnung als Freiheitsordnung; *Luf*, Freiheit und Gleichheit, S. 70ff. 關於更進一步的體系關聯請參*Bartuschat*, Zur kantischen Begründung, S. 11ff., 17ff.; *Kahlo*, Verhältnisbestimmung von Ethik und Recht, S. 243ff.

[15] *Kant*, MdS, AB 84 = AA 6, 262. 康德區分了原始共同占有與「無法查考的初始共同占有」，後者是人類在遠古時期之前曾經有過的對於土地的共產（對此亦請參*Kersting*, Wohlgeordnete Feriheit, S. 350）。若我們（與康德不同）將智性世界與現象世界完全地連結在一起思考，康德對於無法憶及的初始共同占有這種設想的拒絕也是適當的（請參以下註16）。因為，這種在時間序列起點上的共同占有，已經無法從認識論的基礎上被理解。

[16] 康德從實踐理性的公設開始他的占有學說，據此，人類應該有可能將意欲的每個對象當成是自己的來擁有（MdS, § 2）。正是從這裡開始，康德進一步地討論外在對象的取得（§§ 10ff.）。也是在這個脈絡中，他討論到了土地必須被原始取得（§ 12）。然而，這樣的證立步驟，也讓康德承擔了一個困難，

B. 直到個人存有的這種物質性基礎在思維上被確保了以後，對於實踐要素的說明，才能進展到行動的實質內容的層次。在這個部分，一開始已經說明過了，（最廣義的）占有概念，能夠爲這裡所說的自我指涉與行爲內容的連結所用。在占有的概念中，包含了外在目的設定（單在基礎上，就已經有必要透過自然的新陳代謝來維持生命[17]）以及藉由目的的實現所獲致的，透過行爲而分配給行爲人的外在領域。兩種近代最重要的——康德式的與洛克式的——所有權證立[18]，在此互相連結。

洛克將所有權理解爲個人勞動的產物：每個人都是自己的所有權人，並且透過自己身體與雙手的勞動，將外在事物變成是自己的。[19]如果我們將洛克那種仍舊以相當直觀的方式所描寫的事件，轉譯爲實踐的一般性理論，並且不將「勞動」與「所有權」固著在十八、十九世紀西方式的特定理解，我們就能將洛克所描寫的外在領域之取得，恰好透過這些事件的過程性（Prozesshaftigkeit），而妥善地整合進以這種方式拓展的理論中。洛克這種實用性的思維，利用了行爲過程的動態性，並且將這種動態性連結至能夠賦予這整個過程連續性與統一性的主體。很長時間裡，對於所有權證立問題猶豫不決的康德，[20]在《道德形上學》的《法權論》裡，在回答占有（所有權）的可能性與現實性時，提出了一個特殊的動與靜的連結。特別是這個特殊的連結，提供了他一種方法，能夠解決因爲占有外在事物，而讓本體界與現象界的關係越趨尖銳的問題。[21]康德藉由下述的方法解決這個問題：首先他證明，原則上，一個爲己擁有（Für-Sich-Haben）的外在事物，必須能夠與實踐理性相互整合，否則實踐理性毋寧是在要求人們從這個世界上消失。[22]在人能夠宣稱某外在事物屬於自己的可能性被說明了之後，[23]康德就要進一步闡述取得系爭外在

亦即，將理性引入生活，而非認為，理性與生活早已經相互調和了。在§ 2參照了（藉由表達相反的陳述是不正確的）間接證明之形式，也無疑說明了此事。

[17] 對此也請參照*Köhler*, Kants Begriff des ursprünglichen Erwerbs, S. 19ff., 24.

[18] 因為這方面的討論多半都被放在「所有權證立」的標題下討論（僅參*Brandt*, Eigentumstheorien），本書從之；不過，「占有學說」應該是比較好的標題。

[19] *Locke*, Zwei Abhandlungen, §§ 25ff.（特別是§ 27）。

[20] 對此的進一步證據請參*Brocker*, Kants Besitzlehre, S. 18f., 170f., Anm. 40.

[21] 對此請參照，例如，*Kant*, MdS, AB 61 f. = AA 6, 248 f. 將這個觀點應用在法律中的進一步說明請參考*Zaczyk*, "Hat er aber gemordet, so muss er sterben", S. 241ff., 244. 康德因此必然會導致從占有學說中將「生活概念排除」，對此請參*Brandt*, Eigentumstheorien, S. 181. 也請參考*Hinske*, Natur und Freiheit, S. 473ff., 479ff.

[22] 參照在第二部分註16已提到過之實踐理性的公設，Kant, MdS, § 2. —這也說明，康德認為，行為無法指出任何的現實性。康德已經在《實踐理性批判》的前言說明了類似的事情，並且想保護實踐理性免於一種去論證反對行為之事實性本身的缺失。*Kant*, KpV, A 3 = AA 5, 3.

[23] 在此涉及的僅僅是這個可能性的基礎；關於範圍，也就是量的決定，在此並未處理；此外，這裡也（尚未）涉及將他人排除於此領域之外的議題。

事物之所以能夠實現的條件。康德連結了（幾乎也可以說：緊栓住）外在的第一次獲取（Zugriff）、占有人的外在表徵，以及一個普遍的，相互同意這種占有的理念。[24]不過，這個從個人（正好在他生活的同一性當中被理解）的自我到普遍意志的跳躍，太突然也太直接了。這並非否定康德對於外在取得的定見，包含了對於外在取得的可能性與現實性的思想基礎之重要洞見，而是，這些洞見一直要到放慢些許速度來加以觀察，才能正確地被評估，同時，這些洞見無論如何也會在意義上產生一些轉變。因此，比如說對於物的第一次獲取的構成要素，就不能以下述的意義來看待：它呈現出爲了爭取世界中的物品在特定時空下的競逐結果──因爲，在現下全然被測知（vermessenen）與被分配的世界裡，這種競逐即意味著剝奪新的世代的權利。外在領域的擁有與取得，涉及的是法實踐理性的表現形式，也就是實踐邏輯，因此，這個領域是內建於每一個人類的外在行爲裡的──這對康德而言是相當清楚的。這個實踐邏輯，建構在它本身的基礎──人的自我──之上。藉著人的存有與行爲能力，亦即生活，[25]拓展（Ausgriff）至世界實體（Weltsubstanz）的可能性、現實性與必然性，在起源上相互連結了起來。倘若這個開展完成了，則基於系爭開展與個人生活的關係，人在其中的既予（Sich-Geben）就不能輕易地被否定，或者從某人處拿過來給另一人。果眞如此，則當這個開展實現時，即必須討論這個與他人共享的世界的統一性之議題。洛克與康德也都對此有所討論，而後者的討論更爲詳細。雖然洛克認爲，已經取得的東西不能被拿走，然而，這個取得可能性仍有其固有的限制，即，其他人仍有充足的東西可以取得。[26]康德原則上意識到了洛克的這個要點，不過他們在方向上是一致的：當某人獲得了某外在事物的同時，所有其他人即不可能（在未經取得者同意的情況下）再取得此外在事物。因此，在每一個在這個與他人共享的世界裡的開展當中，作爲它內在思維上的內容是被決定了的，亦即：根據理念，同意所有其他人的取得。[27]再次重申的是，法權的起源，已經存在於每個人的行爲可能性與行爲現實性當中了。因此，外在占有雖然同時指涉了自我與世界，但在基礎的理解中，外在占有絕不包含一種個人主義式的

---

[24] *Kant*, MdS, § 10.

[25] 參*Kant*, MdS, Einleitung, A / B 1 = AA 6, 211:「存有者根據其表象而行為的能力，即是生活。」進一步請參*ders*, KpV, Vorrede, A 15, Anm. ** = AA 5, 9 Anm. *。

[26] *Locke*, Zwei Abhandlungen, § § 27. F.

[27] 這裡也標示出所謂智慧財產權的特殊性。智慧財產的創造者，在世界上創造了某些東西，也擴大了精神的存有。一方面，比起實體的所有權而言，承認創作者的作品屬於創作者所有，顯示出對其主體性更高度的評價；另一方面，作品──一般而言作為人類精神的外在表現──也從一開始即與其作者脫鉤。這兩方面的觀點，在作者死後七十年智慧財產權即消滅一事上取得了完美的平衡。

與他人相隔閡的思考，正好相反，外在占有恰好是在對於個別自我意義的積極性當中，包含了同樣是作爲其現實性與強度之積極要素的所有其他個人。因此，占有涉及的也是與他人相互承認中的自我。

(3)

對於這種外在占有的證立，要附帶一提的還有三點：首先是伴隨這種占有證立而來的，單純透過個人存有而產生之對於生命持續存有之請求權。這個請求權是單純透過個人在世界中的存有而決定的，而非他人有意做出的允許。在這點上，此請求權雖然仍是全然自我指涉的，不過，在此請求權指向未來的特徵上，也包含了一個以維持生存爲目的，而對於實際補助的請求權；這個請求權即進一步地開展至與他人共存的共同體中。[28]據此，法權在起源上即具有實質基礎，並證立了「社會（法）權」的思想。

其次，外在占有關於量的決定，繫於主觀的自我決定；這種量的——在外在占有之質的、形式之必然性以外——決定，本質上與個人的幸福有關，並且能夠從節省的生活方式中，產生外在利益（Güter）的累積，只要這麼做——特別是累積利益——不會侵害所有人的分享權（Teilhabeanspruch）。[29]

第三點，更進一步，可以再次連結到人的勞動是占有取得之重要方式。觀念論哲學的進路中，似乎存在一種「將勞動精神化」[30]的趨勢。惟此與事實不符，並且，根據至此已經說明過的，這種說法的缺陷也是顯而易見的。人的實踐與在世界中的對象化，乃是綜合地連結在一起，而智思世界與現象世界的對立是被揚棄的。這也同樣適用於勞動的概念（亦即，即使是非獨立的、最有異化危險的勞動也同樣適用）。黑格爾最清楚地提出並闡述了這種意識在世界中的現實化。[31]

馬克思如何理解、誤解與簡化了觀念論的思想，以及這些在當代所引發的廣泛後果，都是極富啓發性的。在論費爾巴哈的第一個命題中，[32]馬克思批評唯物論者將現實僅理解

[28] 尤其是*Michael Köhler*在其著作中，精緻地發展了以此方式連結之對於世界實體的共享請求權。對此可進一步參照註85。

[29] 在此觀點中一種最有害的事件，就是在這個持續飢餓的世界上，對於基本糧食所採取的利益導向的投機行為：對此請參（完全批判地觀點）*Kleinmann*, Preisbildung.

[30] 對此請參*Rothe*, Selbstsein und bürgerliche Gesellschaft, S. 13f. 與註釋8。

[31] 參*Hegel*, Philoshophie des Rechts, §§ 196 ff.

[32] *Marx*, MEW Bd. 3, S. 5（強調為原文所有）：「所有迄今的唯物論的主要缺陷在於，只把對象、現實與感性置於客體或者直觀的形式中，而非作為感性之人類行為，亦即實踐來理解，亦即不是主觀的。因此，活動的面向便在對立於唯物論的觀念論中——當然不是如此理解現實、感性之行為——發展。」

爲客體，而非感性——人類的行爲。馬克思在此沒有辨識出，這種說法恰好是一種觀念論哲學對於實踐的洞見，反而將觀念論置於唯物論之對立面，並批評前者，沒有認識到「現實的、感性的行爲」。觀念論確實曾爲主體活動（並且，只有個人能夠行爲）的適切理解打開了一扇門，然而馬克思卻捨此不由，直接跳過了主體的位置，並且將實踐立即理解爲社會的（集體）實踐。據此，他也就相當有力地否定了一種思維，即將勞動與自我整併進主體當中，並且將世界理解爲是由主體有意識地形塑出來，亦即作爲一種自由的型態。[33]

5.「我的」和「你的」與人的型態

(1)

從本書迄今的討論中，可以得出一個在本質上對於人的自我型態的擴大說法，亦即：正如同人只能在要求自己的他人行爲中，獲得其自我意識的同一性一樣，人也只能夠生活在與他人共存的外在關係裡。由於這種與他人的共存關係發生在一個單一的外在世界中，從而，在行動中主張自我本身的過程，就也必須承認同時存在的其他自我。因爲進一步地開展至世界本體，是在一個單一的世界中進行的，並且，這個開展與人的生活相互連結，從而，每一個開展都必須與他者取得合致與協調。一個在人的自我的要素中所發展出的觀點，也因此導出了包含他者的自我之基本決定，從而得以被標示爲法實踐理性之主體際型態。[34]法權的基礎因此是雙極的，但這兩極是不可脫鉤的。此外，法權的基礎並非特別在此雙極中被創造，只是一般而言以這種型態存在而已。法權的基礎從而也不是——如總是不斷被提起的——人與人之間的衝突。衝突因此只能夠被視爲作爲基礎之正面關係秩序之扭曲。這個秩序，最初是藉由認知到一個內在的與外在的我的和你的（**ein inneres und äußeres Mein und Dein**）被建構出來的——如康德所闡述。[35]不過，康德尚未完全說明清楚的是：內在的與外在的「我的」和「你的」建構了統一性。內在的「我的」和「你的」並不是「與生俱來的」，[36]外在的「我的」和「你的」也不必然完全透過取得而來；這裡涉及的，毋寧是人之自我意識的，以及同時是自然的存有，與其他同樣作爲此種存有者的關係。

---

[33] 由此，對於奧許維茲集中營入口之句「勞動使人自由」的諷刺也可以獲得澄清。因為，句子本身是真實的，然而並非在一個監禁或死亡集中營裡。

[34] 「法實踐理性」一詞請參*Kant*, MdS, AB 71 = AA 6, 254, AB 92 = AA 6, 268.

[35] *Kant*, MdS, AB 47 = AA 6, 238.

[36] 同註35。

(2)

藉由將上開觀點貫徹至與他人的現實共存中，也就產生了一種作爲法權人的個人自我建制。據此，也導出了唯一一個賦予所有人的權利。康德將其標示爲一個與生俱來的權利：「在它能根據一個普遍之法則而與其他每個人共存的條件下，自由（獨立於他人強制的意念），即是這個唯一的、原始的、基於人之所以爲人所應得的權利。」[37]康德希望將這個權利限縮在「內在的我的和你的」之中。不過，這個權利的內涵，比康德原先想賦予給它的還要多。一個作爲權利的自由，只能透過外在的行爲而被強制，而這些行爲當然是從自我中經歷的。不過另一方面，外在行爲也必須連結到一些先決條件——這些在3.與4.中已經說明了。這些先決條件因此也完全整合進屬於法權的自由概念中。唯有連結這些先決條件與「內在的我的和你的」，康德的說法（「獨立性」）也才會去除表面上看起來僅有消極的定義。作爲法概念的自由，顯現在具有自由的自我意識之個人的互動中，並且其中的每一個人，對於所有人皆有請求權，要求能夠擁有自我決定的生活。

但同時也可以說，這是唯一的人權。而平等權與連帶性，只是自由權所必然產生的結果。但所有進一步的自由存在的型態，也會受到各式各樣的影響，而阻礙這些型態，使它們無法成爲屬於地表上所有人的權利。[38]在此可以再次回溯到本書第一部分已經談論過的議題；文化條件、乃至於對「自我」（autós）與「規範」（nomos）的不同立場，會避免草率的普遍化（Verallgemeinerungen）。[39]但是，如果我們連結法律上的自由與生活本身，前者便會因此而獲得一種穩固性，以及使得前者的眞實變得更容易理解，並且也讓人理解到，法律上的自由，是如何形構出包含著他人的有意識的生活。

6. 法權的第一個向度

在此已經歸結出法權原則的第一個向度了。在法權原則中，自我被鑲嵌在與他人的存有之中，並且同時再度獲得自己。一般而言，這個定位在思維中的人的狀態，會被稱作自然狀態，[40]不過，在此之中，存在著一種將人和法權限縮在自然主義式的理解的危險。康

[37] *Kant*, MdS, AB 45 = AA 6, 237.

[38] 參*Köhler*, Das angeborene Recht, S. 63.

[39] 對此請參*Köhler*, Universalität der Menschenrechte, S. 87ff.; *Isensee*, Weltpolizei, S. 426ff.; *Höffe*, Recht und Moral, S. 28ff.; *Kersting*, Wohlgeordnete Freiheit, S. 208f.; *Niebling*, Staatsrecht in der Rechtslehre Kants, S. 58f.

[40] 對於自然狀態的概念請參*Harzer*, Naturzustand als Denkfigur.

德則將這種狀態稱爲私法狀態，雖然在其中已經有法權存在，卻沒有任何法官存在，也因此，進入公法狀態即屬理性上的必然。[41]根據迄今的思考進路，應該稍微修正者如下（並且也能夠將康德的說法做如此的理解）；透過人的存有本身，即已顯現了共同體性的原始的、第一重的形式，不過，這個指向第一個層次的共同體性，仍舊在本質上指向了主體的自我理解：我是包含著他人的我。但由於這也僅表達了共同體性的第一重形式，因此，這也同時已經產生了何以要過渡至第二個層次的理由，以及，爲什麼個人能夠使這第二個層次也能夠被理解。本書現在就要繼續探討這個層次——被建制的共同體（die verfasste Gemeinschaft）。

三、被建制的共同體（社會與國家）

1. 建立共同體在思維上的問題

在尋找上一節最後所提出之問題——如何可資信賴地[42]形成共同生活所必要的合致

性——的解答時，首先就會面臨一個特別大的難題。盧梭在一段簡短的評釋中說出了這個難題【43】：這種研究總得「在社會中」處理。倘若我們接受了下列的說法，亦即，這些早已存在的共同體生活——語言、宗教、文學、音樂，以及整個由歷史所預先形成的文化與世界觀——遠比一個特定的法秩序要來得廣泛得多的話，那麼，上述的難題就完全展現了他的困難所在：孤立地觀察在第一部分以及第二部分開頭所提出的個人的自我，究竟是否是可能的？或者，連結至共同體的先在性（Vorfindlichkeit），在共同體中尋找自我的描繪，以及最後也將自我的描繪依託於共同體，毋寧都是必要的？

如果我們從上開的對立中，思考共同體概念的問題，那麼，單就形式來看，有三種可能的解答：第一種可能的解答，是將共同體視爲起源與首要的，自我則彷彿是從其中所演繹出來的。第二種可能的解答，則是以主體性爲共同體的基礎；這樣的共同體也能相當概

【41】*Kant*, MdS, § 42.

【42】「可資信賴的」在此絕非僅指向於外在的確保，而是特別指向於個人在法律上被承認之存有的內在良知，也就是對於自我人格之界線的認知，以及隨之而來的，對他人人格性（Personalität）的認知。

【43】*Rousseau*, Ursprung der Ungleichheit, S. 183. —亦請參*Gaul*, Freiheit ohne Recht, S. 128ff., 142ff.。進一步的論述參*Rothe*, Selbstsein und bürgerliche Gesellschaft, S. 49ff.

括地被描寫爲一種契約概念的共同體。第三種可能性，是從主體際的角度確定自我，並因此將一個被建制的共同體視爲一種主體性進一步開展之自由的存在形式，而不是從主體推導出共同體，或者從共同體中推導出主體。本書所持的是第三種概念。爲了使第三種概念能夠較好地被理解，前兩種答案也需要被更精確地說明。之所以這麼說，是因爲前兩種可能性是當代對於社會以及法的理解較爲有力的基礎，並且，第一眼看來，前兩種可能性似乎也強而有力地被當成是解答「法是什麼？」這個問題的唯二替代選項。

2.第一種解決進路：共同體作為預設的統一

第一種關於共同體起源的說法，在西方思想中可以追溯到相當久遠以前，並且也涉及了東方的思想。[44]姑且先不論具體上有些微的差異，上開說法的型態可以從柏拉圖的《理想國》（Politeia）以及亞理士多德的《政治學》（Politik）中看出。在這篇也稱作《論正義》（Über die Gerechtigkeit）的篇章中，柏拉圖嘗試在國家被預設爲一個整體的情形下，更進一步地去認識國家的型態[45]，並且在思想上提出了一個國家的原型。人的不同天賦，被嵌入這個預設的秩序中。亞理士多德則認爲，國家屬於「合乎自然的建構」；[46]人所努力的一切，都指向在這個整體裡的生活，並且，倘若無法適應於其中的話，則一切的努力就仍然是不完善的。也因此，國家比個人更加原始，因爲整體比它的部分來得原始。[47]無論對於柏拉圖或亞理士多德而言，直接宣稱國家整體統治了個人，都是對他們的思想的斷章取義。在柏拉圖身上尤其清楚的是，他認爲，國家中的正義型態，是在人類心靈中的正義裡被塑造的。[48]而在亞理士多德《大倫理學》（Magna Moralia）[49]的開頭，也確認了倫理學構成了關於國家的科學的一部分。[50]對於這兩者的國家思想而言，個人與共同體構成了一個內在的統一性，亦即，個人如果只是個別的，就缺乏了他作爲人的生命意義。[51]

如果我們想要理解，這個關於共同體的最初想法，是如何在拋棄了它的實體，並且

---

[44] 各式各樣的關係請參*Jeck*, Platonica orientalia, passim.

[45] *Plato*, Polieia, 368 a-369 b.

[46] *Aristotles*, Politik, Buch I, 1253 a.

[47] *Aristotles*, Politik, Buch I, 1253 a.

[48] *Platon*, Politeia, Buch IV, 434 c-436 a.

[49] 對於此文本作者身分的問題參考以下的說法，*Dirlmeier*, Einleitung, S. 118-146 (in: *Aristotles*, Werke Bd. 8).

[50] *Aristotles*, Magna Moralia, Buch I, 1181 a / 1181 b.

[51] 在其中當然也能將「個人」已當作國家公民來看待：奴隸的存在（參*Aristotles*, Politik, Buch I, 1253 b-1255 b）也是被容許的。

必然只被充作統治個人的理由之時產生質變，就必須記住這個預設的統一性。現代的法律功能主義，例如在尼可拉斯・盧曼（Niklaus Luhmann）的法理論中[52]或是翰斯・凱爾森（Hans Kelsen）的規範理論中[53]可以看到的，表現出了這種發展缺陷最冷酷的形式：藉著將社會或者「應然」當作是首要者，似乎即可簡單地導出規範制定的權限；個人則成爲被當成前提條件的整體的產物。

3.第二種解決進路：共同體的契約論式基礎

相對於從古典的國家思想而來、在國家與公民之間所預設的統一性，在西方的思想中有另一種主流的想法，這種想法在歷史上曾透過基督教而證立；黑格爾在他的《法哲學》中說，這是一項侵入到希臘的倫理性中「較深刻的主體性原則」。[54]這種想法區分了個人與整體，但兩者之間的關係仍舊和人與上帝間的關係有關。必須耗費幾個世紀的思想勞動，直到這種想法被轉譯至共同體的理論中，才使得一種對於個人與國家之間關係的新理解成爲可能。關注的焦點翻轉了；國家是從主體性中產生的，並且國家的存在是基於主體的同意而來的。一開始是霍布斯的著作，[55]一直延續到洛克[56]與盧梭[57]的作品，康德某程度也算；[58]時至今日，這種想法也仍然是典範。[59]在這種想法中，個人的自我，是透過一個進入共同體的意志行爲，與他人的自我產生連結；我們因此將這種想法稱爲契約論。雖然共同體的型態仍然總在不斷變更，但共同體在本質上，仍舊依托於作爲其基礎的主體概念；霍布斯與洛克的不同，就能清楚的呈現這一點。[60]不過，這個模式似乎只對應於近代對於個人自由的想像，並且使得個人不至於在他所屬的秩序中喪失了獨立性。

然而，這個印象並不正確。契約論完全致力於在不將一方化約至另一方的情況下，解決關於個人與共同體間之有效且穩固關聯之難題。個人可能是被描述成虛弱到無法維持

---

[52] 參*Luhmann*, Recht der Gesellschaft，例如S. 154ff., 496ff.

[53] 參*Kelsen*, Reine Rechtslehre, S. 31ff., 196ff.

[54] *Hegel*, Philosophie des Rechts, Vorrede, S. 24.

[55] *Hobbes*, Leviathan, Einleitung, S. 5ff. und § 17.

[56] *Locke*, Zwei Abhandlungen，特別是第八章（§ 95 ff.）。

[57] *Rousseau*, Gesellschaftsvertrag；亦請參 *ders*, Ursprung der Ungleichheht, S. 165ff., 230ff.

[58] *Kant*, Zum ewigen Frieden, BA 20 = AA 8, 350（「原始契約之理念」）；*ders*, MdS, § 52 = AA 6, 339f.; 但也請參照下述4.。

[59] 例如*Rawls*, Theorie der Gerechtigkeit, S. 140ff., 493ff.；也請參*Kersting*, Philosophie des Gesellschaftsvertrags, S. 259ff.

[60] *Hobbes*, Leviathan, 2. Teil, § 17; *Locke*, Zwei Abhandlungen, §§ 6f.

自己生存的樣子（霍布斯以及盧梭[61]都是）：從而，共同體本質上是立基於一個自然的目的，即維持生命之上，並且彷彿絕對必要的一樣，相對於獨立的意識而言，占據了首要的位置。抑或是，前於共同體的個人被描述為太過強勢（例如洛克的說法[62]），以致於與他人共存的共同體成為了純粹明智意志決定的產物：被建制的共同體因此是弱勢的——因為它在任何時候都是可被解散的。

契約論的一種特別有缺陷的形式，可見於當代所發展出的論述：根據此論述，權利本身應是契約的標的。[63]這種說法的錯誤在於，「社會契約」證立了（作為普遍規則的）法（權）制定權限，但法（權）並非這種契約的客體，並且，不能被理解為一種協商的標的，甚至是交換的客體。這類的學說只表達出了契約模式的進一步萎縮而已。

本書第一部分對於自律的確認，已經表示，契約論式的共同體論證，只是過於簡化地容納了人的自我。對此，需要有一個比契約所能導出者更深層的個人與共同體之間的關聯。

4. 法共同體作為個人之統一與差異的型態

(1)

讓個人與國家之間具有此種更深層連結的說法，是由康德提出的。康德首先也提到了一個將個人連結至國家整體的原始契約。[64] 康德提及這些的意義，與其說是偏重於「契約」的概念，倒不如說更重視的是「原始的」這個形容詞。因爲，他並不認爲這個契約是（必須發生在歷史上特定時刻的[65]）個人意志的共同決定，而是實踐理性——就它作爲法實踐理性而言——的原型。這樣一種法實踐理性，始終包含了個人與他者的連結。現存的共同體也就應該被理解爲：始終已經從主體際的角度，所理解的主體的展現，並且能

---

[61] 對於霍布斯，請參*Leviathan*, § 13：對於盧梭請參Gesellschaftsvertrag 第六章。

[62] *Locke*, Zwei Abhandlungen, § 7：「在自然狀態中的個人甚至也已經擁有了對於他人的刑罰權。」

[63] 例如請參*Buchanan*, Grenzen der Freiheit, 1984.特別是第七十六頁以下。本書的副標題（《在無政府與利維坦之間》）精確地描繪出了這類思想在本書的脈絡中所設想的位置。批判的觀點請參*Koslowski*, Ethik des Kapitalismus, 他精確地指出，這裡所闡述的是「資本主義的形上學」，也就是，如何去補充一個不甚理想的（資本主義）。

[64] 請參註58的資料。

[65] 參*Kant*, MdS, § 52.

夠以此原型去判斷，現存的共同體如何形塑個人與共同體之間的關係。藉此，康德也對於已建制之共同體的問題，發展出了進一步的想法，而這個想法，也標示出在法權之中的人的基本概念：因此，如同在個人的概念中，自我也總是指向他人，且法權原則在起源上，即以自我與他人的共存作爲思維內涵一樣，法權原則的內容在建制共同體時也同樣有效，所以，此原則絕非只是創設一個相對於共同體而言較次要的規範秩序。法權是一個實踐理性概念，在其中始終包含了統一與差異。當「我的」和「你的」也被作爲領域而區隔，則在「我的」和「你的」之中已無單純的分析或綜合、差異（Differenz）或連結（Konjunktion）這種完全相互區分的概念存在。當提到一個概念時，毋寧也會同時提到另外一個；這樣一種關係的兩個端點，不能從彼此脫鉤。[66]這種思想說明了，共同體的存在，與個人的存在本身相同，都是在起源上就包含了他人：因此，如果只將共同體理解爲是經由意志行爲才產生的，就是不完全的。[67]

(2)

雖然個人總是生活在一個已經形成的共同體中，然而，這既不排除一個自共同體至個人（或者自個人至共同體）的省思，亦不會導致無法將自我的能力（也可以說：自我意涵

Eigensinn）置於一個相對於共同體的位置。因爲，個人既然擁有這兩種面向，則藉著法權的這種概念，一個連結每一個自我的共同體性，才能夠以特定的方式被思維與被認知。這種認知當然是特殊的：它並非一個對於人的世界採取理論性的——有距離的視角。毋寧說它必然是從個人意識的視角所導出，並且，這個個人意識，是被纏繞在一個被意識本身所掌握的關係當中。雖然個人意識很清楚地在認識中呈現出了這種關係，但仍舊不能解消這種關係。如果人們願意的話，也可以說這是有關認知社會的詮釋學循環，而這個循環伴隨著人的自我，當然有一個不會消失在此漩渦中的中心。這種認知的基礎與目的，是一種作爲每一個行爲實行之基礎的實踐邏輯，在其中，實踐邏輯與人的生活及其恆定相互連結。因此，也無法從實踐邏輯中理性地推論（**herausvernunfteln**）以及錯誤地從「觀察者視角」

【66】在印歐語系中，數字「二」（zwei）是由「你（du）」這個詞幹中發展而來的，對此請參*Benfey*, Das Indogermanische Thema des Zahlworts "Zwei" ist du.

【67】能夠離開共同體，或者不願再與共同體有任何關聯，不代表我們就能將法權視為純粹技術性的問題——*Fichte*在《Grundlage des Naturrechts》中有某部分即有這個問題（Werke III, S. 10）：對此亦請參*Zaczyk*, Anerkennung.

來理解法的整體。[68]

理解共同體建制的關鍵，並非證明它已經存在：這種證明只被理解爲數據與理論性的建構物；而且，倘若我們至多這麼理解共同體的組成，則在時序的起點，共同體無非只是單純的暴力行爲。因此，這裡涉及的不是起源，而是思想上的證立，以及這個證立與被建制的共同體具體型態的連結。[69]共同體的基本形式就是：使得作爲與他人共存的自我之間能夠取得合致。人性尊嚴是這個任務的基礎，而唯一的人權即是這個任務的指引；法實踐理性使得這個思維上的工作成爲可能。

(3)

爲了能夠將建制共同體的輪廓置於法權的領域中來思考普遍性，我們必須注意到一個難題。這個難題存在於普遍性的型態本身。我們不能將人的共同體單純理解爲多數人的集合。同樣的，普遍性也不能被簡單地理解爲經驗上可經歷者（作爲科層體制的存在；身著制服以及擁有權力標誌的公務員）。每一個這種形式的觀照，都絕對會帶出一些有趣的資訊或統計數字，但是也都欠缺普遍性的眞正面向。直到透過自己的實踐所執行之自我反思的基本步驟，理解反思的可能性條件，以及反思實現的型態，才會開啓通往理解現存的共同體性或普遍性之路。雖然這條路始於主體，不過，主體只是在表面上與凌駕主體的普遍性假設相對立而已。因爲，如前所述，主體只能夠在主體際中被建構性地思考。因此，從主體出發的、與他者的普遍性關聯的理解，也只是普遍性在現實性當中的闡述，其基礎早已經存在於本身當中。因此，正如同只作爲精神實現的普遍性擁有定在（Dasein）一般，普遍者也只能透過一個相當於普遍者本身的思維而可被體驗。因爲其在概念上特有的力量，黑格爾將法權稱爲「客觀精神」誠可謂相當正確。【70】倘若法權是如此地在思維中被理解的，則他就能夠以合乎他本身的方式，被經歷與形塑。體制、爲了體制而行動的個人（也只有個人會行動），以及個人行動所遵循的原則，也就可以被理解。在其中，便可斷言精神的一種超越有限性與經驗性的面向。這個面向的有效性，基本上並不取決於「規範」（nomos）與「自我」（autós）之間的關係爲何。藉由這個特別的認識，以及將這個

【68】從這個角度也能夠顯示，單獨作為規範違反的不法（本書並未特別討論這個主題）是多麼不確定。因為法權正面地形構了在共同體中的生活，不法（不同性質的不法請參*Hegel*, Philosophie des Rechts, §§ 84-103）即是理性定在（Dasein）的阻礙。

【69】對此也請參*Suhr*, Bewusstseinsverfassung.

【70】參*Hegel*, Enzyklopädie, §§ 483 ff., insbesondere, § 486.

認識轉換至行爲當中，人的共同體即能被理解與建制。

5.被建制之共同體的法權內涵（Materiale）

被建制之共同體——這裡所要處理的，只是它在法權方面的建制性——基於行爲之現實性，而擁有一種內涵，這種內涵必須首先被討論，並且包含了各種要素。

(1)

在法權的第一向度中所理解與說明的、在個別具體養成中的人的自我，在共同體中被普遍有效地確認了，並且也被提升爲個人與他者的確信。在此，首先涉及的是人類基本的存在權利（Daseinsrechte）（身體的存在，以及對於有限存有條件的共享）。[71]透過行爲中介而突顯的、在本文脈絡之共同體中的自我概念越是廣泛，就越是有更多不同的自我概念形成。因爲，在法權當中，「規範」（nomos）與「自我」（autós）也是相互作用的，並且也相應地產生了——即透過參與者的意識而確認的——自我的不同型態。在歐洲，下列想法已經全然呈現出來，亦即，整體上將法律中的自由，理解爲個體之獨立性。不過，一旦我們脫離了這種對於基本權基礎理解的層次之後，差異就會出現：美國人的自我理解——

不只是表面上——即與歐洲人的自我理解不同，甚至（比方說）德國人與法國人的自我理解也有差異。[72]而並非以有界限的個人自主作爲其法理解基礎的非洲[73]或亞洲的法權文化，這些差異也更加多樣化。將這些差異只當作是民俗（Folklore）的呈現，是個重大的、可歸咎於所謂「國際資本主義」（Global Player）的狹隘錯誤。要指出這些基於不同原因而來的差異，既非陳腔濫調，也不能輕易地將這些差異擱置（從對於刑罰的嚴重誤解，到這些被誤解者的暴力反抗）。這也會對於共同體中正義的具體形式的想像有所影響。[74]不

---

[71] 因此，共同體的團結並不能導出一種權利，即侵奪個人生命的權利；從這個角度來說，一個仍舊宣稱自己擁有此種權利的共同體，從法權的觀點而言是較不人性的。這也同樣適用於所有仍維持死刑的國家。相較之下，德國聯邦憲法法院藉由宣告《航空安全法》（Luftsicherheitsgesetz）第十四條第三項能夠將客機擊落的規定違憲，阻止了可能的缺失。（Vgl. BVerfGE 115, 151ff.）

[72] 如此一來，當伽達瑪（*Hans-Georg Gadamer*），一個這麼喜於對話的哲學家，在國際會議上對沙特（*Jean Paul Sartre*）寫出了下列的句子，即值得我們思考：「我想指出的是，從德國的角度去理解法國哲學的思想是多麼困難的事，並且反之亦然—這不是出於謙虛的說法。」（**Das Sein und das Nichts**, S. 37）倘若我們沒有將精神誤認為一個稍縱即逝的東西，就能夠理解，這些不同是如何影響生活形式的。

[73] 這些差異的範例例如*Cobbah*, Afrincan Values, S. 309ff。對此*Zaczyk*, **Wie ist es möglich, ein Menschenrecht zu begründen?**

[74] 例如，在刑事程序中量刑協商的可能性，即呈現出了美國與德國全然不同的法文化背景。而德國在二〇〇九年引入此制（§ 257 c StPO），重構了德國的刑事訴訟法。

過，這並不是在提倡一種相對主義，也不是在說法共同體的現狀應該繼續維持。然而，這個與個人的（這種）生活連結的法權的意義，即意味著，法權形式的更迭也是生活形式的更迭；這些更迭不能夠藉由一些空洞的口號，強迫自己的或其他的文化予以接受。【75】

(2)

當我們將人的行爲形式，乃至於在此所闡述的、對於自律行爲的理解，與共同體的生活條件全部連結起來，則共同體具體型態的第二個要素，就變得相當清楚。倘若我們要具體地思考法權與生活，就必須這樣兒做。孟德斯鳩（Montesquieu）即已指出，生活的條件乃至於自然環境，將會以及如何影響法律的內容。【76】特別是，通常從一種（當然必須說：有限理解下的）「理性法」觀點來看，通常會將外在條件視爲經驗性的偶然事態，並認爲其對於法的原則性研究而言並不重要。【77】不過，這裡並未涉及到要賦予外在的條件一個獨立的證立效力，並藉此將應然化約爲實然。這裡涉及的毋寧是，不把身處法權當中的人理解爲一個抽象的概念，而是當作在生活中能動的人來看待，從而再次闡明，法權與生活具有內在關聯。基於此，在世界各地擁有不同形構的實證法（康德：實定，statutarischen【78】），無疑對於一種接受了生活之現實性的法哲學，產生了建構性的意義。【79】

土地是對於共同體法律建制之具體化而言，一個特別重要的要素。雖然土地取得（視作一種施爲行爲）的本身，並不代表共同體即有權利居住在這片土地上。[80]不過，這片共同體居住的土地是共同體存在的基礎構成部分，這片土地的疆域也透過共同體全體（而非僅透過個人之力）方才確定，並且，這片土地也藉此賦予了共同體一個在其疆域之內開展

---

[75] 這也證實了康德說法的有效性，亦即，通往共同體中自由的相互協調之路，只能透過—相互合致的—改革達成，而絕對不能透過暴力。參*Kant*, Zum ewigen Frieden, B 79 / A 74, Anm. * = AA 8, 373, Anm *.

[76] *Montesquieu*, Geist der Gesetze, z. B. 19. und 20. Buch.

[77] 凱爾森（*Hans Kelsen*）的《純粹法學》呈現了這種被限縮在法學思考領域的理性之極致。首先，他藉由讓法的認識隸屬於實然科學，並且在基本上區分了實然與應然，中斷了應然與實效的關聯，直到透過強制，才能使兩者重新連結。（參*Reine Rechtslehre*, S. 34ff.）法應然的最終基礎，即成了在型態、起源和效力上都不清楚的基本規範。凱爾森將基本規範稱為憲法以及所有實證法之先驗的邏輯條件（*Reine Rechtslehre*, S. 204ff.）；他藉此將一個從康德認識論上的概念應用在應然的語句（「規範」）上，正如他自己所說的（S. 205），在純粹法學中是有些怪異，甚至是悖反的。法最後與權力融合了，而凱爾森甚至倒退至啓蒙哲學家霍布斯以前—這是法學領域中簡化版新康德主義者的弱點。從歷史的觀點來看，我們當然能夠將下列的結果歸因於凱爾森：把法學充作一個中空的容器，裡面裝載著二十世紀歷史中的低劣與不幸事件。這樣的法學能夠維持一段時間，卻不應繼續如此。

[78] *Kant*, MdS, Einteilung der Rechtslehre, AB 44 = AA 6, 237.

[79] 對此亦請參*Kant*, Einleitung in die Metaphysik der Sitten, § B：作為前導思想（Leitfaden）的實證法。

[80] 至少在這點上誤解了，*Carl Schmitt*, Nomos der Erde, S. 50ff.

的權利。從這個角度而言，我們也就能夠稱之爲「大地之法」，如前所述，在此概念中也包含了「共享與放牧」（Teilen und Weiden）[81]由於這不只適用於一個共同體，而是適用於所有的共同體，並且也因爲這是一個法（權）的，而非一個暴力（Gewalt）的要素，從而排除了在這個世界上對於土地的暴力取得；縱使這個暴力取得是成功的，但它卻會危及整個世界的和平，而非僅止於系爭土地。[82]這裡——一如可預見的——也將大地的球體構造的本質，刻劃在被建制的共同體（國家）的相互關係上。

(3)

之前所提過的，與人類生活在其中的行爲形式有關之共同體的實質要素，開展出一種動力，並且產生了一種相互交織的結果，這個結果本身已經可以被理解爲一種最先的普遍性。黑格爾將此安排在其自由的體系中，並稱之爲「市民社會」（bürgerliche Gesellschaft）；[83]爲避免此概念——適用在全世界的層次上——被誤解，社會性（Sozietät）會是比較好的稱呼。在此，一個具體的共同體，即在互動的形式中開展出它（絕非僅止於物質層次）的豐富性。在這樣的共同體當中，「需求體系」也就擁有了它本質上的意義。[84]社會性也再一次擴張了個人的法權地位，在其中，個人擁有權利，以共享共同體所獲得的利益。[85]這個基本的共享權，並不取決於共同創造共同體利益的個人投入，而是純粹與個人的存有，亦即，與個人誕生於此共同體這個事實有關。因此，個人只能夠向其他所有人主張生存維持（Existenzerhaltung）與生存確保（Existenzsicherung）的要求。這並不涉及利益的平等分配；對於勞務與貢獻的不同投入，從根本上形成了必然且正當的利益狀態差異。

6.共同體的法權形式（憲法與國家）

在本文的脈絡中，共同體的法權內涵必然已經被理解爲「法的」（rechtlich），因爲

---

[81] *Carl Schmitt*, Nomos der Erde, S. 188ff. 請參該書前言的最後兩句（S. 3, in Aufnahme von Mt 5,5）：「這是整個大地所可望得到的和平。大地之法的新思維，也就只是呈現在這個和平中而已。」

[82] 以本書寫作的時代來說，以巴衝突如果不透過雙方合致的方式解決，就不可能達成世界和平。

[83] 參*Hegel*, Philosophie des Rechts, §§ 182 ff.

[84] *Hegel*, Philosophie des Rechts, §§ 189 ff.

[85] 尤其是Michael Köhler的著作已經縝密地闡明這整個想法，讓於後續的論證進路得以參考。這涉及下列著作：Iustitia distributiva, S. 457ff.; Das angeborene Recht, S. 61ff.; Ursprünglicher Gesamtbesitz, S. 247ff.; Freiheitliches Rechtsprinzip, S. 103ff.; Das ursprüngliche Recht, S. 315ff.; Kants Begriff des ursprünglichen Erwerbs, S. 19ff.

在法權的內涵中，從人際角度予以理解的自我，在與他人的互動中，實現了法實踐理性。當共同體中的成員將共同體視作是自己的（而這是必要的），據此將共同體內在地作爲統一體來加以設想，並且在行爲中表現出來的時候，在社會性的動力當中，被轉譯並且擴充的共同體，也就在此被歸結出來了。這是一個共同體邁向其憲法的第一步，藉此，共同體的法權實質內涵得以被轉化爲法的形式。因此，一個共同體必須自己給自己一部憲法。【86】而這個法權的形式並不是固定的。例如，英國就沒有一部成文的憲法，德國有詳盡的基本法，美國憲法的條文則比較少。重點僅僅在於，共同體自我理解爲一個法權上的統一體，並因而獲得一個地位。

黑格爾將這個仍較傾向於連結至「市民社會」之動力的統一性建構，歸結於「需求——智性國家」（Not- und Verstandesstaat）的概念底下。從而應該說，對黑格爾而言，若將國家概念化約爲統一性建構的形式，那麼就仍然是低估了國家的概念。但無論如何，黑格爾在其「國家」概念中，仍舊承認上述的說法，並且我們也不應低估這對於自由國家理論的意義。因爲，關係的多樣性開啓了對於差異的關注，並且，在地球上共同體的多樣性中，這種差異也正好符應於經驗上的、擁有自身生活的可能性。黑格爾在內在的與外在的國家法中【87】，賦予個別國家的整體性（Totalität），只可能在所有國家的共同體中找到。「需求—智性國家」擁有自己的定在正當性（Daseinsberechtigung），它與個人的爲己存在（Für-Sich-Sein）具有直接的關聯，肯認生活有它自己的需求，並且，這正好表達出人們具有這種能力，能夠生活在一個與和自己同等的他人所共存的、有秩序的關係當中。

7. 法官的意義

(1)

根據近代歐陸的傳統，人與人之間權利界線的精確劃定，以及每個人自己權利的確定，必須透過一個被建制爲整體、並且權力分立的國家來履行。康德更進一步，將權力分立與個人的自我決定相互連結，他將各種權力與其間的關聯，類比於個人實踐理性的決定，如此一來，如同在定言令式當中，準則能夠被發現、提升至普遍有效性的層次，並藉此得出現實行爲的決定一樣，國家的三種權力，乃是爲了實現法權而共同作用的：立法權

【86】在此之前，所謂的政治菁英試圖要制定一部歐洲憲法，即因為欠缺本文所說的基礎，而招致了必然的失敗。

【87】*Hegel*, Philosophie des Rechts, §§ 260 ff. 330 ff.

形構了普遍法則的現實性，行政權將普遍性轉化爲現實性，而司法權則是在決定，在個案中什麼才是合乎法權者，並且透過它特有的方式，將普遍性與生活在現實上連結起來。[88]在此，個人行爲的實踐邏輯，也過渡到被建制的共同體的法權實現型態。在這個連結中，不僅確保了自我與法的關係，更將它提升到一個新的層次。[89]

倘若我們看到被建制之共同體的數量如此之多，則上開說法似乎就會產生一個困難，這個困難乃是由於膚淺思考所致。如果我們只將上開所描繪的個人—國家關係等同於「民主」，如果我們將西方所發展的那一套法的生活形式（rechtliche Lebensform）當作所有法（權）形式的唯一模式，則可能讓原先能夠隨著生活形式改變之「自我」（autós）與「規範」（nomos）的關係陷入僵化的危險。這形同以一種普遍的固定形式，對抗自我的所有可能性。不過，倘若我們保持對於具體生活事實（Lebenskonkreta）的觀照，那麼西方本身就已經呈現出形構普遍性的重要差異，[90]但同樣在實現理念時呈現了一些重要的缺陷，這些缺陷也削弱了宣揚一個世界模式的可能性。

即使調和個人自我與共同體之間的關係，是每個被建制之共同體所無可迴避的任務，本書第一部分所指出的事實，仍舊必須一併納入思考，亦即，在共同體中的自我，能夠以不同的方式被確定。也有其他應被承認爲同等有效的關係型態存在，例如，洛克式的市民—所有權人式的型態。

(2) 不過，在每個被建制的共同體中，都有著個人與他者的關係，以及個人與整個共同體的關係。由不同界線規定的法權地位，在此框架中被建立並與具體化，某程度也與對他人之義務，或者對共同體本身的義務相連結。對於這些作爲法（權）而存在的權利地位而言，重要的是，它們具有法權的性質，並且被普遍地承認。倘若以上述的方式，擴大了

【88】*Kant*, MdS, § 45.

【89】在此並非僅僅指涉在當代被高度重視的代議民主概念而已。全民統治將會造成專制，因為在其中，行政權與立法權並不區分。不過，這並不代表人們不能夠要求所有國家權力必須透過選舉予以正當化。這源自於共和的深刻思想，能將出於國族統一性（而非總和）而來的權力分立，理解為自我決定的形式。對此請參*Kant*, Zum ewigen Frieden, Erster Definitivartikel, BA 25 ff. = AA 8, 349 ff.

【90】黑格爾曾經嘲笑柏拉圖提倡的、不停地將小孩抱在懷裡搖晃的褓姆制度；也曾經嘲笑費希特在他的法學說裡提及護照的內容（Philosophie des Rechts, Vorrede, S. 25）。相反的，根據本書至今所闡述的內容，反倒能夠將這些事情理解為源自生活事實而提取出的法（權）的型態。不過，在此涉及的也不是褓姆或者護照，而是在法權中，個人與他者的關係，以及複數個人與複數他者間的關係，因為，如果不如此形構法權關係以容納生活事實的話，則可能會陷於一種忽略個人的危險。

我們對於自我型態的理解，則很明顯的，這種法權的建構形式，就不必然須透過（實定）法的方式來達成。[91]關鍵毋寧在於一個與在共同體中的生活具有最緊密關聯的法體制，因爲，在這個體制當中，法直接與個人產生關聯，而個人本身也已經承認了這個體制：司法權，法院。司法權是在法權中被建制之共同體的普遍有效性要素。司法權預設了一些透過共同體成員——完全因文化而異——的生活關係所建構、並且被個人認爲是在法權上重要（屬於正義的範疇）的事實。與此同時，判決（Ur-teil）[92]才成爲可能；判決必須被承認，並且在必要且可能時，得透過法的強制予以執行。因此，即使彰顯了法權附隨的確定形式，並且人們也有很好的理由去說，這是穩定法權的一種形式，實定法仍不一定是必要的。

在這個背景上，即證實了康德的這段話：「人們可以將法院稱爲一個國家的正義，並且，如此是否合乎正義，即成爲所有法權事務中最重要的議題。」

8.法權的第二個向度

如果接受上文所述，那麼我們就能理解，何謂一個被建制的共同體、該共同體的司法權、在其中生活的人們三者之間的連結，甚至是其語言與各個共同體本身的文化，乃至於這一切所構成的、具有一種法律狀態，並因此能稱爲國家的整體。此即法權的第二個向度。很明顯的，這個向度與個人的第一個向度具有一種整全的關係，個人的獨特性被包含在其中，並且擴大了個人存在的意義。如此一來，個人不只透過其作爲這個人的自我，也透過他作爲一個在此共同體中的個人這個自我獲致同一性。共同體的實體與型態，顯然不單是透過作爲形式的法律而確定；它包含了語言、所居住的土地、經濟、文化與宗教。這必然使它有了與其他共同體的界線——即使這些都沒有，也至少還有敵意作爲界線。國家從內部與外部而言都是一個統一體。[93]現今的世界，傾向於在表面上解消這類界線，並且透過重商主義（Handelsgeist）與交換關係（Tauschbeziehung），使得一切的差異皆錯誤地隱沒在貨幣的交換中。然而，經濟關係當然不足以形成整個生活，此外，任何涉及權利的經濟關係，也必須要是正當的。

[91] 單單在西方的法思想中，美國法就已經呈現出了這點。

[92] *Kant*, MdS, §41.——譯註：作者在此將判決的德文「Urteil」拆開成「Ur-teil」兩部分，可以翻譯為「原始的（Ur）部分（teil）」，這麼做的原因或許在於，在康德對於司法權的理解中，法院所做成的判決也代表了「將原先屬於某人者重新分配予他」，也就是康德式的分配正義（Iustitia distributiva）。對此可參考*Kant*, MdS, §41。

[93] *Hegel*, Philosophie des Rechts, §271.

如果在此所說的法權的第二向度，也被理解爲界線的話，也絕不是如牆一般地與他人隔絕。相反的，這裡所主張的是，主體只能在一個具體的共同體中建構其穩固性，而此同一性的必然要素，也進一步預設了共同體本身是有界線的。除了其他已經提過的要素外，此一界線也是透過與他人相連結的自己的生活關係而確定的。倘若這個界限延伸過廣，亦即，倘若法權的第二向度試圖包含的區域太過廣闊，則有關法制定者、法官以及議會的代表，即不再被視作是自己的而是他人的，法律也會變得如同從遙遠的異域而來一樣，並且被削弱。[94]這也正是爲什麼在一個地表上，卻有著多數不同國家的原因。國家彼此之間的外在界線，是透過國家的存在本身所建構的，而國家的存在，又是透過在本質上與生活相連結的法權所形構的。不過，這也進一步產生一個思考上的必要性，也就是要確定這些國家之間的相互關係。這也就開啓了法權的第三個向度：地表上的國家共同體。

四、國家共同體

1. 關於國家間關係的問題

由自然所預先決定的、作爲球體之地表的封閉性，以及自律第二向度（被建制的共同體）之建構與穩定同一性的能力，導致了第三向度的建立：地表上所有國家的共同體。根據前述，首先可以確定的是，所有被建制的社會都是這個共同體的成員，而非僅限於共和國家或是民主國家。這種原則性的平等對待是因爲，每一個被建制的共同體，在它個別的型態中，始終是生活在其中並形成它的人們在法權領域的形式建構，這種建構的最終基礎，是人們的人性尊嚴與人權，並且也構成了人的同一性。即使國際上要對於被建制之共同體，基於發生在其中的人權侵害而發動制裁，該共同體仍舊有權要求被合法地對待，而非以暴力爲標準——即使是鬆散地組織的「部落」（Völkerschaft）[95]也是國家共同體的成

---

[94] 聯邦憲法法院所謂的里斯本判決（Lissabon-Urteil）（BVerfGE 123, S. 340ff.）的見解是正確的。

[95] 對於康德的部落概念請參*Zum ewigen Frieden*, BA 51 ff. = AA 8, 362 ff. —不過，康德在國家的概念中去除了部落。

員，只要其具有一定程度的內在秩序，並藉該秩序形成統一體；即使該部落連這些也付之闕如，在此團體中的個人，仍然擁有人性尊嚴與人權。無論如何，沒有比人性尊嚴與人權更高的法權。

具有世界性的整體視野，在現代已經成爲日常。探險的時代已經過去了；世界已經丈量完畢，整個「藍色星球」也能夠從世界的角度來觀察。然而，整個世界的法秩序問題，卻從未有效解決。[96]國家之間的接觸與訊息之多，雖然形成了「地球村」（Global Village），但人們也應該總是意識到，這種說法是表面的。因爲，如果不超越旅遊與世界貿易的視角，理解（每）個人的同一性，就無法眞正了解它的內涵。倘若我們不滿足於只是建立這些鬆散的接觸與貿易，便會去探問，國家間共同體（這也是國際法—或者一個更好的稱呼：國家間法（Staatenrecht）[97]—的基礎）原則上以及在上述的意義中之本質——法律的形式爲何，並且回溯到現存的個別國家形成同一性與爲同一性劃界的層次。

2.取代自然狀態的國家間法權關係

(1)

在確定國家之間的關係的時候，通常會說，這個關係就如同個人之間在（前國家的）自然狀態中的關係一樣。[98]然而，眾所周知，自然狀態的內涵人言言殊。如果人們採取霍布斯的說法，[99]則國家可能會爲了自我持存，而犧牲其他國家的存在。如此，國際法的目的，即在於抑制持續不斷的戰爭危險。顯然，如果看看上個世紀的人類歷史，那麼這個所謂現實上意義的說法，確實是無法否認的。但這種說法仍舊簡化了對於國家之間關係採取特定法權視角的效力，在其中，只有應然能被導出——而非僅有實然。從而，在這樣的觀

【96】一個很好的觀察範例是，蘇聯在二十世紀九〇年代開始解體之後，人們開始驚覺美國成為了「唯一的超級強權」。這種權力本位的思維，與十六、十七世紀專制政府的當權者及其想法並無二致。就算是現今人們所樂於討論的「多極世界」（例如，將中國也納入），也僅止於將權力分化，而非提升至法權的層次。

【97】對此概念的精確化請參*Kant*, MdS, § 53.

【98】關於國家之間的自然狀態請參*Verdross / Simma*, Universelles Völkerrecht, S. 14ff., *Jacob*, Individuum im Spannungsverhältnis, S. 110ff.

【99】參*Hobbes*, Leviathan, Kapitel 20.

點下，康德對於人與人之間在自然狀態中的關係劃定，即具有其優越性。根據他的說法，自然狀態已經呈現了許多法權的內涵，自然狀態也不是一個不正義的狀態。不過，自然狀態仍舊是一個無法的狀態，因爲還沒有任何的法官存在。【100】

不過，這個人與人之間在自然狀態中的描述，並不能以一種簡單的方式應用在國家之間的關係上。透過以共同體爲基礎的自我建制，國家（不僅在形式上，在實質意義上同樣）是一個爲己的（für sich）、並且擁有與其他國家之間確定且正當界線的法權統一體，而這與人與人之間在自然狀態中的關係不同。從該統一體中產生了一個首要的，作爲自我防衛的權利，不過這個權利是消極的。在積極的面向上，並無法設想一個作爲統一體的、對抗他者的強制權限，藉由這個權限，使自身和其他自我建制的同一體彼此共同服從一個全面的法律體制。【101】

然而，有一個類比於人與人之間關係的概念，也存在於當代的國際法中，並且獲得相當廣泛的接受，至今仍影響著一般法理論：承認（Anerkennung）的概念。【102】爲了理解這個概念在國際法中的適用，以及它在多大的程度上同於人與人之間的基礎承認關係，當然必須進一步加以研究。

(2)

在這個第二部分的第一節已經提到過，這種始終連結到人與人之間基礎關係的理解，產生了作爲所有法權根本的、人與人之間透過相互行爲所達成的自由。這個基礎關係，能夠透過反思自己的自我形成而經驗。倘若涉及的是在地表之內，共享一道邊界的相鄰國家之間的關係，則沒有這種原始的共同體關係存在，而是首先（通常也是歷史性地）呈現出彼此對立的關係。不過，每個邊界也總是指向邊界之外的東西。在這點上，承認的概念也就對於國家的構成產生了意義。必須闡明的，是這個承認的基礎爲何。

在國際法學說中，曾有認爲，國家的承認是國家存在的構成要素；從而，可能會出現X國對於A國是存在的（因爲A國承認X國），而對B國卻是不存在的這種狀況。[103]然

【100】*Kant*, MdS, § 44.

【101】相反的說法，請參康德對於從自然狀態過渡到「公法」狀態的表述，*Kant*, MdS, § 42, AB 156 ff = AA 6, 307 ff.

【102】關於國際法中的承認概念，請參*Verdross / Simma*, Universelles Völkerrecht, §§ 961-968; *Doehring*, Völkerrecht, § 19; *Hailbronner*, in: Vitzhum (Hrsg.), Völkerrecht, 3. Abschnitt, Rn. 168-177.

【103】*Doehring*, Völkerrecht, Rn. 941.

而，目前則多是認爲，國家存在即存在，承認只具有宣示的作用；例如，國際組織的接受即是承認的外在表徵之一。當然，如果有人依舊認爲，即使是宣示性的承認也須具有法（權）基礎——而有些人甚至認爲有承認國家的義務，[104]則法（權）基礎就仍須進一步加以確定。

他國承認某國的法（權）基礎，與法權原則（相互的自由）有關，從法權原則中，產生了基於自我決定而來的主權，以及在封閉地表上，國家共同體自然而然的統一。每個國家僅能從與所有其他國家共同形成的共同體中，理解自己的獨立存在。這個從法權的積極意義所導出的觀點，以及相應於此觀點而來的、在國際法相互關係中的行動，說明國際法並非如同一些學說所述，屬於軟法（因爲它的強制執行機制是弱的），相反的，國際法展現的是法權思維的最高成就。因爲，從這個角度來說，這種法權思維方才從單純的權力強度中終局地解放出來，並且完全立基於法實踐理性的洞見上。當然，從權力的角度來看，法權原則似乎完全是天真的想法。然而，如果從存在於法權原則中的思維本質觀之，發展至此的法權理解，其實對應於一個——可以這麼說——從青春期中掙脫的法意識，它能夠在法權中同時、和平地思考，並維持同一與差異，而不會想要透過戰爭的方式抹消差異。世界的（法）和平，與人與人之間的法權關係一樣，很少能不透過戰爭與暴力來妥適的確定。法和平毋寧具有其基礎特徵，並非全然是消極的，而只能透過（看似）最現實的、能夠作爲更眞實的（暴力）基礎而呈現，並且因此實現自身。法和平眞正的困難在於：它必須透過國家負責的行爲而產生效力。【105】

倘若我們由此方式來詮釋國家之間之承認的法（權）基礎，此概念作用於國家內部的解放力量，也會作爲附帶的結果而產生。在當代這個完全不和平的世界中，仍必須承認那些國家——那些仍未在其國家內部將這個概念最終的、與個人相關聯的基礎（人性尊嚴與人權）作爲法權中心概念的國家。不過，藉由這些作爲整體的國家，要求建構整體的個人作爲國家存在所必要之要素，它們也意外地促進了法權的發展，在其內部關係當中強化了法權原則。

【104】參*Dahm / Delbrück / Wolfrum*, Völkerrecht, § 20 II ff., S. 199ff.（在新國家的權力已終局實現時的承認義務）：歷史發展請參*Frowein*, Entwicklung der Anerkennung, S. 145.; *Lauterpacht*, Recognition in International Law, S. 88.

【105】參*Kant*, Zum ewigen Frieden, B 96 / A 90 f. = AA 8, 380:「法權原則具有客觀的實在性（Realität），亦即，它得以被實現。」

(3) 根據上述，國家之間的原始狀態，無法透過自然狀態的概念來妥適地描述。「自然的」，在此脈絡下，指的是基於地表封閉性而來的國家共同體。然而，國家的自我建制性，以及國家之間的關係，同時並且已經被確定爲有權者之間、與原則上之平等的有權者之間的關係。據此，國際法上的法權具體型態，也就可以作爲國家之間在上開基礎上所建構的契約結果。

契約的思維，在此以一種特殊的型態呈現，並且具有特殊的意義。如前所述（2. Teil, III. 3.），這種思維並不足以解釋人與人之間法共同體的建構。尤其是其中所展現的偶然性（兩個個人的意志相互符應），無法說明人與人之間之法共同體的必然性。但在國家相互間關係的層次上來說，法權關係卻是始終存在的；然而，此種關係的具體化是必須的（確定彼此的界線，以及相互交往的方式），亦即並非產生自普遍意志，而是取得一致的特殊意志；這就是契約。或有認爲，這說明了國際法主體創造自己的法律，【106】則這與國家內部的法制定就沒有不同，因爲，這並不表示能夠恣意地制定法律，而是必須自己制定法律。

(4)

對於侵害法權狀態的執行問題，在國際法中特別棘手。基於與法權相連結之主體的生存確保，才得以壓制一國對於他國（乃至於其同盟）的戰爭侵略。不過，另外，服膺於不具強制力的法官，亦即仲裁庭（Schiedsgericht）的裁判，亦相當於國家間層次的法權原則。透過遵守這些裁判，國家的法權性，即毋庸置疑地對其他共同體展現。而這似乎也使得法權原則的思維顯得有些天眞。如果有人需要一點安慰的話，可以回憶一下康德對於夏夫茲伯利（Schaftesbury）的評釋：「對於一個（尤其是實踐的）學說的眞實而言，禁得起嘲弄乃是它不容忽視的試金石。」[107]位處海牙的國際法庭，就是國家之間主張權利的典範。[108]

【106】*Vitzthum*, in: Vitzthum (Hrsg.), Völkerrecht, 1. Abschnitt, Rn. 26.

【107】*Kant*, MdS, Vorrede, AB X = AA 6, 209; *Anthony Ashley Cooper*在Earl of Shaftesbury, Characteristics of Men, Manners, Opinions, Times, Tr. II, Sect. I. (3. Absatz)：「真理……擁有所有的光彩，其中之一即是嘲弄本身……。」（zit. Nach AA 6, 522.）

【108】關於其組織以及更確切的法律上的安排，參照《聯合國憲章》第九十二條至第九十六條以及*Schröder*, in: Vitzthum (Hrsg.), Völkerrecht, 7. Abschnitt, Rn. 85-103.

3.世界國家概念的排除

每個國家都將自己的自我建制（以一個簡單的形式來說：其國民、領土及作爲法律權力的國家權力）理解爲與其他國家共存的部分。這種理解，在歷史上必然逐漸導出一個國際聯盟。[109]但這個國際聯盟並不是一個世界國家。

康德並非基於實用的理由（國家之間與個人之間太過遙遠的距離；語言與宗教的異質性）而反對世界國家，縱然當代（確實是太過實際）的人們太輕率地接受了這種說法。康德尤其認爲，世界國家會與個人的自由相衝突。在此，在本書思考進路的最後，可以指出，康德的說法是正確的。這可以從連結個人具有意識的生活的法權概念當中導出。

從思維上，前於國家狀態的個人，過渡到被建制的共同體，將存在於這兩者間的同與異提升至一個新的層次，在其中，統一性獲致了法的型態，但也維持了差異。沒有任何共同體能完全消融自我。基於這種關聯，或許就能理解、並忍受法律形式以及從法權所導出的法強制，因爲，法強制總是指向個人，並且必須以法，而非暴力的姿態出現。在此所提及的第二向度容納了第一向度，同時也防止了「社會」變成一個只是抽象的、事實上與人無關的建構物。

然而，以世界的視角來觀察，這種關聯就會解消。世界國家的正當性，並不只是來自於所有（作爲其固有「市民」的）國家的普遍意志，更同時在本質上包含了所有人的普遍意志，也就是全人類本身。無論賦予世界國家多少權力，就算是它所做的涉及法權的行爲，屬於指示個別國家執行其命令的行爲，也總是會涉及個人。然而，如此一來，在思維上就必然會跳過首先形成所有法權的個別國家；自我的統一性就會直接進入人類的整體當中。然而，這個本書所謂法權之第二向度的喪失，也代表著對於建構同一性所必要之界線的喪失。自我有其具體型態：這個「自我」（autós）與「規範」（nomos）的連結、這種語言、這種文化。唯有承認這個具體化條件，才能在法權上穩固住個人，並且讓人得以清楚明瞭，他們生活其中、並因此擁有權利義務的規範。只有在確定了這些以後，才能過渡至國家聯盟，第三向度也才能夠被納入考量。倘若這三個層次脫鉤了，那麼同一性將會喪失，差異也會透過抽象的思維而被否定或被人爲地弭平，並且，法權與意識生活之間的連結也會消失。【110】

【109】*Kant*, Zum ewigen Frieden, Zweiter Definitivartikel, BA 30 ff. = AA 8, 354 ff.; MdS, § 61.

【110】我們在*Vitzthum*, Staatengemeinschaft, S. 94中已經看到了一個生動美麗的圖像：「只有樹木有根，而森林無根。」（對於此引文必須歸功於*Thomas Jakob*）歐盟已經陷入一個逾越了上述界線，從而必然招致反抗而削弱自身的危險當中。

從這樣的觀點，也能夠理解國家主權的概念。主權絕非只是一個外在地作用於其他國家的法權地位；它也絕對不是一個應予超克的修正式民族國家概念。[111]國家的主權首先歸屬於人民的自我建構（能夠如其所願地成爲其自我的形式），亦即，主權係來自於國家內部。從而，當沒有任何基礎以證立個人同意這種涉及法權的行爲時，直接從世界國家穿透至個人的法權地位本身即是不法。[112]倘若放棄證立，則世界國家的法強制，就會如同突襲一般地降臨在個人身上。更令人擔憂的是，人們要如何防衛這個彷彿以世界精神的姿態出現的龐然大物的行爲呢？[113]

4. 法權的第三向度

至此，法權的第三向度也歸結出來了。不過，這個向度有一個特殊的性質，亦即，它的聯合是被自然所預先建立的，並且透過地球這個單元予以闡明。從在國家裡的個人觀點而言，這種聯合也同時呈現了開放性。對於所有不同的人類（因此也總是個人本身的）生活形式的理解，指出一種透過與他人（「外國人」）接觸的方式，擴充自己生活形式的可能性。康德將法律狀態的這種面向，稱爲「世界公民法」。這個第三向度與個人有關，並且不再以與前兩個向度相同的方式建立同一性。這個向度乃是藉著貫穿並維持前兩個向度

（自我與被建制的共同體），開啓一種作爲具有意識之存有的人類對一切生活形式的和平參與，來增強同一性的。

【111】*Hillgruber*, Souveränität, S. 1072ff. 的見解是正確的。

【112】西方思想家熱愛這種世界國家的原因，或許是因為專制國家的家父主義滲入了（自以為）特別具有高度智慧的思維中。恰好需要維繫的他者的自由，某程度變成了對他們的照顧。

【113】備受討論的對於他國生活關係的人道干預，能夠兌現的還是比想像的來得少。人道干預能夠發揮效用的前提，是必須分開敵對的雙方，並將兩者推上（合乎法實踐理性的）談判桌。但這以介入到生活關係中為前提，而這意味著：在地面上。在現今的戰爭科技中，「人道干預」太容易被誤解為：只需空襲所謂不人道的關係就能成功。一個檢驗人道干預是否真的「人道」的方法就是，看看這些進行人道干預的國家投身於地面上的程度有多少。整體的說明請參*Köhler*, Zur Völkerrechtlichen Frage der humanitären Intervention, S. 75ff.; *Jacob*, Das Individuum im Spannungsverhältnis, S. 207ff.

結論　法權與生活

法權原則的三個向度，共同闡述了身處法權當中的人類所擁有的視域，在這樣的視域中，個人獲得了自我與其他型態。藉由這個視域擴大彼此的視野，作爲個人最完整的型態，即法權主體，以及作爲法權統一體的人類，一直要到整個論述進路的終點時，方才顯現。康德就曾正確地指出，法權原則要求的是多層次的開展。[1]這也就是說，在提升至法權普遍性的路途上，回到原點總是必須的，並且，必須可能回到個別的主體——本身即是統一體的主體，與他人共同擁有一個祖國的主體，並且同時是整個世界公民的主體。直到理解這整個統一體的關聯以後，法權原則開展的思維理路方才完成。

這個關聯，表面上看似只存在於應然中的單純思維形式，事實上是人類實踐自由之內在，並且因此具有最高效力的核心。法權整全地連結至人的意識生活，並且從這個基礎，開展至上面所提及的視角當中。然後在其中，也就了解到一個永恆的任務，亦即釐清在法權當中互動的尺度何在，唯有如此，人與人之間的和平，所有權利以及所有由此而生的政策的最高理念，方才能夠擁有現實性。

---

[1] *Kant*, MdS, § 43.

自律與法權

Selbstsein und Recht

作　　者　Rainer Zaczyk
譯　　者　廖宜寧、林倍伸
發 行 人　楊榮川
總 經 理　楊士清
執行主編　劉靜芬
封面設計　姚孝慈

出 版 者　五南圖書出版股份有限公司
地　　址　106台北市和平東路二段339號4F
電　　話　（02）2705-5066（代表號）
傳　　真　（02）2706-6100
劃　　撥　0106895-3
戶　　名　五南圖書出版股份有限公司
網　　址　http://www.wunan.com.tw
電子郵件　wunan@wunan.com.tw
法律顧問　林勝安律師事務所　林勝安律師
出版日期　2018年10月初版一刷
定　　價　新台幣280元

國家圖書館出版品預行編目資料

自律與法權 / Rainer Zaczyk著；廖宜寧, 林倍伸譯. -- 初版. -- 臺北市：五南, 2018.10
面；公分
譯自：Selbstsein und Recht
ISBN 978-957-11-9978-8 (平裝)

1.法律哲學

580.1　　107016787